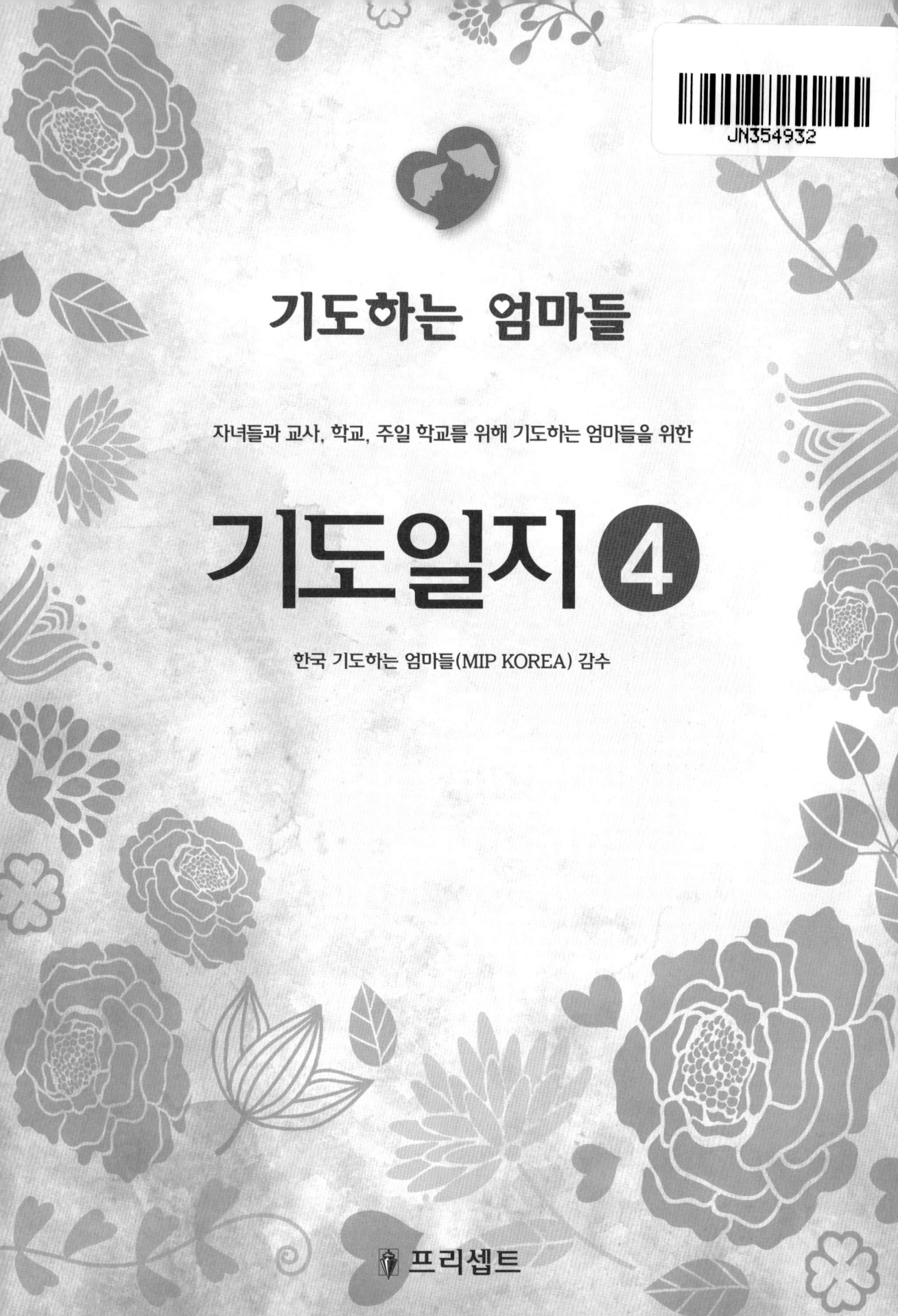

목 차

- ♥ 한국 기도하는 엄마들(MIP KOREA) • 5
- ♥ 비전선포 기도 • 7

1주♡ 우리와 함께 계신 하나님(임마누엘) • 8
2주♡ 하나님의 어린 양 예수(암노스) • 10
3주♡ 그 이름 예수(자기 백성을 그들의 죄에서 구원할 자) • 12
4주♡ 나사렛 예수 • 14
___년 ___월 기도달력 • 16

5주♡ 더 좋은 언약의 보증 예수 • 18
6주♡ 중보자 예수 • 20
7주♡ 구원의 반석 예수님 • 22
8주♡ 세상의 빛 예수님 • 24
___년 ___월 기도달력 • 26

9주♡ 참포도나무 예수(암펠로스) • 28
10주♡ 우리 신랑(남편, 눈피오스) • 30
11주♡ 유월절 희생양 예수(페사흐) • 32
12주♡ 영생수 예수 • 34
___년 ___월 기도달력 • 36

13주♡ 주 예수(큐리오스) • 38
14주♡ 구유에 누인 예수 • 40
15주♡ 푯대 예수(스코포스) • 42
16주♡ 창시자 예수(아르케오스) • 44
___년 ___월 기도달력 • 46

17주♡ 선한 목자 예수 • 48
18주♡ 구세주 예수 • 50
19주♡ 기묘자 모사 예수(Wonderful Counselor) • 52
20주♡ 평강의 왕 예수 • 54
___년 ___월 기도달력 • 56

21주♡ 교회의 머리 예수 • 58
22주♡ 하나님의 종 예수(둘로스) • 60
23주♡ 부활의 주 예수 • 62
24주♡ 심판주 예수 • 64
___년 ___월 기도달력 • 66

- ♥ 10대 자녀를 위한 기도제안 • 68
- ♥ 31일 성품 기도달력 • 70
- ♥ 한국 기도하는 엄마들 주제가 • 72

♥ 한국 기도하는 엄마들(MIP KOREA)

♡ 기도하는 엄마들(Moms In Prayer, MIP)은?

- 정기적으로 매주 한 시간씩 모여 자녀들과 학교를 위해 중보하는 여성들입니다.
- 어떤 특정 아이나 학교를 위해 기꺼이 기도하기 원하는 크리스천 여성들입니다.
- 하나님께서 기도에 응답하신다고 믿는 여성들입니다.

기도하는 엄마들의 목적은 엄마들이 모여 함께 자녀들을 위해 기도함으로 그들을 몸소 지키며, 자녀들의 학교가 성경적 가치와 높은 도덕적 기준으로 그들을 지도할 수 있게 중보하는 것이다.

사명선언문

기도하는 엄마들은
엄마들이 모여 기도함으로 그리스도를 위하여
온 세계 자녀들과 학교에 영향을 끼친다!

비전선언문

우리의 비전은
세상의 모든 학교를 위하여
기도하는 것이다!

♡ MIP 기도 특징

대화식 합심기도

- 두세 명의 엄마들이 기도하기에 짧고 단순한 언어로 구체적으로 기도한다.
- 한 번에 한 주제에 집중하여 기도한다.
- KISS(Keep It Simple and Short/Specific)의 원리를 따라 기도한다.

말씀기도

성경 말씀을 묵상하고 그 말씀에 근거하여 기도한다.

4단계기도

MIP 기도 시간은 4단계로 이루어진다. (찬양 – 고백 – 감사 – 중보)

♡ 한국 기도하는 엄마들 홈페이지 www.mip.or.kr

♥ 한국 기도하는 엄마들(MIP KOREA)

1984년부터 시작된 MIP는 국제본부(www.momsinprayer.org)가 미국에 있으며 현재 145개국 엄마들이 동참하고 있는 복음적이고 국제적인 기도사역입니다. 우리나라에서는 1998년부터 사역이 시작되었고 지금까지 수많은 기도하는 엄마들이 이 땅 가운데 세워지고 있습니다.

♡ 2018년 현재 기도하는 엄마들 사역을 하고 있는 지역은 다음과 같습니다.

지역	교회	연락처
서울	남서울은혜교회 외	010-2045-1795
수도권	선한목자교회 외	010-2796-6560
충청/강원	천안중앙교회 외	010-7464-4409
전라	광주 성은교회 외	010-3626-1275
경북	대구 삼승교회 외	010-9310-2227
경남	창원 한빛교회 외	010-4268-3368
부산/제주	부산 수영로교회 외	010-5004-5925

비전선포 기도

기도하는 엄마들

- 제가 '기도의 여인'이 되게 하옵소서!
- 제가 기도를 통한 하나님의 능력에 대한 비전을 가질 수 있게 하옵소서!
- 제가 '중보기도자'가 되게 하옵소서!
- 제가 적극적인 기도를 하되,
  삶의 한 방식으로 솔선수범하여 주도권을 가지고
  다른 사람과 함께 기도하게 하옵소서!
- 제가 말씀으로 기도하는 법을 배우게 하옵소서!
- 제가 쉬지 말고 기도할 수 있게 하옵소서!
- 제가 하나님께서 기도 중에 제게 가르쳐주신 진리를
  다른 사람들에게 전해 줄 수 있게 하옵소서!

1주 ♥ 우리와 함께 계신 하나님(임마누엘)

한국 기도하는 엄마들 ・ 날짜: 20____년 ____월 ____일 (____요일) ____시

♥ **찬양**(8-10분) – 이제 우리와 함께 계신 하나님을 선포하고 찬양하겠습니다(하나님의 속성, 이름, 성품으로 하나님을 찬양하십시오. 이 시간은 기도 응답이나 기도 제목을 나누는 시간이 아닙니다. 찬양만 하십시오.).

'임마누엘'이란 히브리어로 '임'(함께), '마누'(우리), '엘'(하나님)로서 하나님이 우리와 함께하신다는 뜻입니다. 죄로 말미암아 하나님의 심판을 피할 수 없는 인류를 구원하시기 위해 하나님이 인간의 육신을 입고 우리에게 친히 오셔서 우리와 함께하신다는 의미로, 하나님의 지극한 사랑의 표현입니다. 이사야를 통해 하나님이 아들을 보내사 우리와 함께하시겠다고 선포하셨습니다. 이 세상에서 가장 영광스럽고 기쁘고 위대한 소식은 하나님이 우리와 함께하신다는 임마누엘입니다. 예수님은 우리를 죄에서 구원하시고 영원토록 우리와 함께하시는 하나님이십니다.

사 7:14	그러므로 주께서 친히 징조를 너희에게 주실 것이라 보라 처녀가 잉태하여 아들을 낳을 것이요 그의 이름을 임마누엘이라 하리라
사 9:6	이는 한 아기가 우리에게 났고 한 아들을 우리에게 주신 바 되었는데 그의 어깨에는 정사를 메었고 그의 이름은 기묘자라, 모사라, 전능하신 하나님이라, 영존하시는 아버지라, 평강의 왕이라 할 것임이라
마 1:23	보라 처녀가 잉태하여 아들을 낳을 것이요 그의 이름은 임마누엘이라 하리라 하셨으니 이를 번역한즉 하나님이 우리와 함께 계시다 함이라
마 28:20b	볼지어다 내가 세상 끝날까지 너희와 항상 함께 있으리라 하시니라
롬 8:17a	자녀이면 또한 상속자 곧 하나님의 상속자요 그리스도와 함께 한 상속자니
행 18:9b-10a	두려워하지 말며 침묵하지 말고 말하라 내가 너와 함께 있으매 어떤 사람도 너를 대적하여 해롭게 할 자가 없을 것이니

♥ **고백**(2-3분) – 우리가 죄를 품고 있으면 하나님은 우리 기도를 듣지 않으십니다.
이 시간은 조용히 침묵하는 가운데 우리의 죄를 고백하는 기도를 하겠습니다. (2-3분 후)
만일 우리가 우리 죄를 자백하면 하나님께서는 신실하시고 의로우심으로 우리 죄를 용서하시고 모든 불의에서 우리를 깨끗케 하신다고 하신 말씀대로 우리의 죄가 그리스도의 보혈로 깨끗하게 씻겨졌음을 믿습니다. 이제 우리를 온전히 다스리시고, 성령으로 충만케 하여 주시옵소서. 아멘!

♥ **감사**(5-8분) – 이제 기도 응답에 대하여 하나님께 감사기도를 드리겠습니다(이 시간에 간구는 하지 않습니다.).

자녀 이름: 자녀 이름:

_____   _____

_____   _____

_____   _____

_____   _____

♥ **중보 (30-40분)** – (대화식 합심기도는 언제나 짧고 Short, 간단하게 Simple, 구체적으로 Specific 합니다.)

① 이제 우리 자녀를 위해 중보기도하겠습니다.

♡ 먼저 ○○를 위해 성구기도하겠습니다.

보라 처녀가 잉태하여 아들을 낳을 것이요 그의 이름은 임마누엘이라 하리라 하셨으니 하나님이 우리와 함께 계시다 함을 _____ 가 믿게 하소서(마 1:23).

성구 확장 기도

♡ ○○를 위해 구체적인 기도를 하겠습니다.

자녀 이름:	자녀 이름:

② 학교 선생님을 위해 기도하겠습니다.

신자일 때: 그러므로 자기를 힘입어 하나님께 나아가는 _____ 선생님을 온전히 구원하실 수 있으니 이는 그가 항상 살아 계셔서 _____ 선생님을 위하여 간구하심이라(히 7:25).

불신자일 때: 하나님은 한 분이시요 또 하나님과 사람 사이에 중보자도 한 분이시니 곧 사람이신 그리스도 예수라 그가 모든 사람을 위하여 자기를 대속물로 주셨음을 _____ 선생님이 믿게 하소서(딤전 2:5-6).

구체적인 기도 제목: _____

③ 학교를 위해 기도하겠습니다. _____

④ 주일학교 선생님을 위해 기도하겠습니다. _____

⑤ 주일학교 주요 사안(주일학교 부서)을 위해 기도하겠습니다. _____

⑥ 기도하는 엄마들 사역을 위해 기도달력으로 기도하겠습니다(당월 기도달력을 홈페이지에서 다운받아 모일 때마다 한 주 분씩 기도해 주십시오. www.mip.or.kr).

♥ **마무리** – 오늘도 우리의 기도를 들으시는 하나님께 감사와 영광을 올려드리며 예수님의 이름으로 기도드립니다. 아멘!

♥ 모임 내에서 기도한 내용은 모임 안에 남아야 함을 잊지 마십시오!!

2주 ♥ 하나님의 어린 양 예수 (암노스)

한국 기도하는 엄마들 • 날짜: 20____년 ____월 ____일 (____요일) ____시

♥ **찬양** (8-10분) – 이제 **하나님의 어린 양 예수**를 선포하고 찬양하겠습니다(하나님의 속성, 이름, 성품으로 하나님을 찬양하십시오. 이 시간은 기도 응답이나 기도 제목을 나누는 시간이 아닙니다. 찬양만 하십시오.).

'암노스'란 '속죄양'을 의미합니다. 이스라엘 백성들은 범죄할 때마다 어린 양의 몸을 쪼개서 제사드림으로 속죄하였습니다. 암노스는 '유월절의 어린 양'을 의미합니다. 출애굽할 때 어린 양을 잡아 그 피를 문 인방과 문설주에 바른 이스라엘 백성들의 장자들은 생존할 수 있었습니다. 이 재앙으로 애굽의 장자들은 다 죽었으나 이스라엘 장자들은 살았고 노예에서 자유하게 되었습니다. 암노스 예수님께서 피 흘리심으로 우리에게 죄 사함과 생명, 속죄와 자유를 허락해 주셨습니다. 우리를 위하여 속죄양으로 드려진 어린 양 암노스 예수님을 찬양합니다.

출 12:3	너희는 이스라엘 온 회중에게 말하여 이르라 이 달 열흘에 너희 각자가 어린 양을 취할지니 각 가족대로 그 식구를 위하여 어린 양을 취하되
요 1:29	이튿날 요한이 예수께서 자기에게 나아오심을 보고 이르되 보라 세상 죄를 지고 가는 하나님의 어린 양이로다
요 1:35-36	또 이튿날 요한이 자기 제자 중 두 사람과 함께 섰다가 예수께서 거니심을 보고 말하되 보라 하나님의 어린 양이로다
고전 5:7	너희는 누룩 없는 자인데 새 덩어리가 되기 위하여 묵은 누룩을 내버리라 우리의 유월절 양 곧 그리스도께서 희생되셨느니라
벧전 1:18-19	너희가 알거니와 너희 조상이 물려 준 헛된 행실에서 대속함을 받은 것은 은이나 금 같이 없어질 것으로 된 것이 아니요 오직 흠 없고 점 없는 어린 양 같은 그리스도의 보배로운 피로 된 것이니라
행 8:32b	그가 도살자에게로 가는 양과 같이 끌려갔고 털 깎는 자 앞에 있는 어린 양이 조용함과 같이 그의 입을 열지 아니하였도다

♥ **고백** (2-3분) – 우리가 죄를 품고 있으면 하나님은 우리 기도를 듣지 않으십니다. 이 시간은 조용히 침묵하는 가운데 우리의 죄를 고백하는 기도를 하겠습니다. (2-3분 후)

만일 우리가 우리 죄를 자백하면 하나님께서는 신실하시고 의로우심으로 우리 죄를 용서하시고 모든 불의에서 우리를 깨끗케 하신다고 하신 말씀대로 우리의 죄가 그리스도의 보혈로 깨끗하게 씻겨졌음을 믿습니다. 이제 우리를 온전히 다스리시고, 성령으로 충만케 하여 주시옵소서. 아멘!

♥ **감사** (5-8분) – 이제 기도 응답에 대하여 하나님께 감사기도를 드리겠습니다(이 시간에 간구는 하지 않습니다.).

자녀 이름: 자녀 이름:

♥ **중보 (30-40분)** – (대화식 합심기도는 언제나 짧고 Short, 간단하게 Simple, 구체적으로 Specific 합니다.)

① **이제 우리 자녀를 위해 중보기도하겠습니다.**

♡ **먼저 ○○를 위해 성구기도하겠습니다.**

_____가 _____의 조상이 물려 준 헛된 행실에서 대속함을 받은 것은 은이나 금 같이 없어질 것으로 된 것이 아니요 오직 흠 없고 점 없는 어린 양 같은 그리스도의 보배로운 피로 된 것임을 깨닫게 하소서(벧전 1:18-19).

성구 확장 기도

♡ **○○를 위해 구체적인 기도를 하겠습니다.**

자녀 이름:	자녀 이름:

② **학교 선생님을 위해 기도하겠습니다.**

신자일 때: 그러므로 자기를 힘입어 하나님께 나아가는 _____ 선생님을 온전히 구원하실 수 있으니 이는 그가 항상 살아 계셔서 _____ 선생님을 위하여 간구하심이라(히 7:25).

불신자일 때: 하나님은 한 분이시요 또 하나님과 사람 사이에 중보자도 한 분이시니 곧 사람이신 그리스도 예수라 그가 모든 사람을 위하여 자기를 대속물로 주셨음을 _____ 선생님이 믿게 하소서(딤전 2:5-6).

구체적인 기도 제목: _____

③ **학교를 위해 기도하겠습니다.** _____

④ **주일학교 선생님을 위해 기도하겠습니다.** _____

⑤ **주일학교 주요 사안(주일학교 부서)을 위해 기도하겠습니다.** _____

⑥ **기도하는 엄마들 사역을 위해 기도달력으로 기도하겠습니다.**(당월 기도달력을 홈페이지에서 다운받아 모일 때마다 한 주 분씩 기도해 주십시오. www.mip.or.kr).

♥ **마무리** – 오늘도 우리의 기도를 들으시는 하나님께 감사와 영광을 올려드리며 예수님의 이름으로 기도드립니다. 아멘!

♥ 모임 내에서 기도한 내용은 모임 안에 남아야 함을 잊지 마십시오!!

3주 ♥ 그 이름 예수 (자기 백성을 그들의 죄에서 구원할 자)

한국 기도하는 엄마들　　　　　　　　　　• 날짜: 20____년 ____월 ____일 (____요일) ____시

♥ **찬양** (8-10분) – 이제 **그 이름 예수**를 선포하고 **찬양하겠습니다**(하나님의 속성, 이름, 성품으로 하나님을 찬양하십시오. 이 시간은 기도 응답이나 기도 제목을 나누는 시간이 아닙니다. 찬양만 하십시오.).

'예수'란 '우리를 죄에서 구원할 자'를 의미합니다. 나와 가족, 죄인들과 인류를 죄에서 구원할 자, 그 이름은 오직 예수 한 분뿐이십니다. 예수님이 우리에게 오시기 전까지 우리는 죄 가운데 있었습니다. 소망이 없었습니다. 저주가 각 가정과 개인, 민족과 국가마다 드리워져 있었습니다. 그런데 예수님을 만나는 사람들은 그 은혜 안에서 모든 죄와 저주가 파해졌습니다. 예수님은 죄악의 문제, 절망의 상황을 친히 십자가에 달려 죽으심으로 모두 해결해 주셨습니다. 그 이름이 바로 예수입니다.

마 1:21	아들을 낳으리니 이름을 예수라 하라 이는 그가 자기 백성을 그들의 죄에서 구원할 자이심이라
요 1:12	영접하는 자 곧 그 이름(예수)을 믿는 자들에게는 하나님의 자녀가 되는 권세를 주셨으니
행 4:12	다른 이로써는 구원을 받을 수 없나니 천하 사람 중에 구원을 받을 만한 다른 이름을 우리에게 주신 일이 없음이라
히 7:25	그러므로 자기(예수)를 힘입어 하나님께 나아가는 자들을 온전히 구원하실 수 있으니 이는 그가 항상 살아 계셔서 그들을 위하여 간구하심이라
요 10:9	내(예수)가 문이니 누구든지 나로 말미암아 들어가면 구원을 받고 또는 들어가며 나오며 꼴을 얻으리라
눅 13:35b	너희가 주의 이름으로 오시는 이를 찬송하리로다 할 때까지는 나를 보지 못하리라 하시니라

♥ **고백** (2-3분) – 우리가 죄를 품고 있으면 하나님은 우리 기도를 듣지 않으십니다.
이 시간은 조용히 침묵하는 가운데 우리의 죄를 고백하는 기도를 하겠습니다. (2-3분 후)
만일 우리가 우리 죄를 자백하면 하나님께서는 신실하시고 의로우심으로 우리 죄를 용서하시고 모든 불의에서 우리를 깨끗하게 하신다고 하신 말씀대로 우리의 죄가 그리스도의 보혈로 깨끗하게 씻겨졌음을 믿습니다. 이제 우리를 온전히 다스리시고, 성령으로 충만케 하여 주시옵소서. 아멘!

♥ **감사** (5-8분) – 이제 기도 응답에 대하여 하나님께 감사기도를 드리겠습니다(이 시간에 간구는 하지 않습니다.).

자녀 이름:　　　　　　　　　　　　　　　　자녀 이름:

♥ **중보(30-40분)** – (대화식 합심기도는 언제나 짧고 Short, 간단하게 Simple, 구체적으로 Specific 합니다.)

① 이제 우리 자녀를 위해 중보기도하겠습니다.

♡ 먼저 ○○를 위해 성구기도하겠습니다.

그러므로 자기를 힘입어 하나님께 나아가는 _____을 온전히 구원하실 수 있으니 이는 그가 항상 살아 계셔서 _____을 위하여 간구하심이라(히 7:25).

성구 확장 기도

♡ ○○를 위해 구체적인 기도를 하겠습니다.

자녀 이름:	자녀 이름:

② 학교 선생님을 위해 기도하겠습니다.

신자일 때: 그러므로 자기를 힘입어 하나님께 나아가는 _____ 선생님을 온전히 구원하실 수 있으니 이는 그가 항상 살아 계셔서 _____ 선생님을 위하여 간구하심이라(히 7:25).

불신자일 때: 하나님은 한 분이시요 또 하나님과 사람 사이에 중보자도 한 분이시니 곧 사람이신 그리스도 예수라 그가 모든 사람을 위하여 자기를 대속물로 주셨음을 _____ 선생님이 믿게 하소서(딤전 2:5-6).

구체적인 기도 제목: _____

③ 학교를 위해 기도하겠습니다. _____

④ 주일학교 선생님을 위해 기도하겠습니다. _____

⑤ 주일학교 주요 사안(주일학교 부서)을 위해 기도하겠습니다. _____

⑥ 기도하는 엄마들 사역을 위해 기도달력으로 기도하겠습니다(당월 기도달력을 홈페이지에서 다운받아 모일 때마다 한 주 분씩 기도해 주십시오. www.mip.or.kr).

♥ **마무리** – 오늘도 우리의 기도를 들으시는 하나님께 감사와 영광을 올려드리며 예수님의 이름으로 기도드립니다. 아멘!

♥ 모임 내에서 기도한 내용은 모임 안에 남아야 함을 잊지 마십시오!!

4주 ♥ 나사렛 예수

한국 기도하는 엄마들 • 날짜: 20____년 ____월 ____일 (____요일) ____시

♥ **찬양**(8-10분) – 이제 **나사렛 예수**를 **선포하고 찬양하겠습니다**(하나님의 속성, 이름, 성품으로 하나님을 찬양하십시오. 이 시간은 기도 응답이나 기도 제목을 나누는 시간이 아닙니다. 찬양만 하십시오.).

나사렛은 천대받는 지역이었습니다. 예수께서는 갈릴리의 나사렛에서 성장하심으로 말미암아 배경이 천한 인생에게도 소망을 주셨습니다. 예수님은 창조주의 권세를 가지셨지만 별거 없는 갈릴리 나사렛에서 성장했다는 낙인이 찍힌 채 사셨습니다. 예수님은 천대받고 멸시받는 고통이 무엇인지를 분명히 아셨고 이 땅에서 멸시와 천대로 고통받는 백성의 마음을 헤아리셨습니다. 나사렛에서 자라나셨으나 기사와 큰 권능과 이적으로 영혼들을 살리신 나사렛 예수를 찬양합니다.

요 1:45-46 빌립이 나다나엘을 찾아 이르되 모세가 율법에 기록하였고 여러 선지자가 기록한 그이를 우리가 만났으니 요셉의 아들 나사렛 예수니라 나다나엘이 이르되 나사렛에서 무슨 선한 것이 날 수 있느냐 빌립이 이르되 와서 보라 하니라

사 53:2 그는 주 앞에서 자라나기를 연한 순 같고 마른 땅에서 나온 뿌리 같아서 고운 모양도 없고 풍채도 없은즉 우리가 보기에 흠모할 만한 아름다운 것이 없도다

사 53:3 그는 멸시를 받아 사람들에게 버림 받았으며 간고를 많이 겪었으며 질고를 아는 자라 마치 사람들이 그에게서 얼굴을 가리는 것 같이 멸시를 당하였고 우리도 그를 귀히 여기지 아니하였도다

마 2:23 나사렛이란 동네에 가서 사니 이는 선지자로 하신 말씀에 나사렛 사람이라 칭하리라 하심을 이루려 함이러라

요 7:52 그들이 대답하여 이르되 너도 갈릴리에서 왔느냐 찾아 보라 갈릴리에서는 선지자가 나지 못하느니라 하였더라

행 2:22 이스라엘 사람들아 이 말을 들으라 너희도 아는 바와 같이 하나님께서 나사렛 예수로 큰 권능과 기사와 표적을 너희 가운데서 베푸사 너희 앞에서 그를 증언하셨느니라

♥ **고백**(2-3분) – 우리가 죄를 품고 있으면 하나님은 우리 기도를 듣지 않으십니다. 이 시간은 조용히 침묵하는 가운데 우리의 죄를 고백하는 기도를 하겠습니다. (2-3분 후)

만일 우리가 우리 죄를 자백하면 하나님께서는 신실하시고 의로우심으로 우리 죄를 용서하시고 모든 불의에서 우리를 깨끗케 하신다고 하신 말씀대로 우리의 죄가 그리스도의 보혈로 깨끗하게 씻겨졌음을 믿습니다. 이제 우리를 온전히 다스리시고, 성령으로 충만케 하여 주시옵소서. 아멘!

♥ **감사**(5-8분) – 이제 기도 응답에 대하여 하나님께 감사기도를 드리겠습니다(이 시간에 간구는 하지 않습니다.).

자녀 이름: 자녀 이름:

_____   _____

_____   _____

_____   _____

_____   _____

♥ **중보(30-40분)** – (대화식 합심기도는 언제나 짧고 Short, 간단하게 Simple, 구체적으로 Specific 합니다.)

① 이제 우리 자녀를 위해 중보기도하겠습니다.

♡ 먼저 ○○를 위해 성구기도하겠습니다.

예수는 멸시를 받아 사람들에게 버림 받았으며 간고를 많이 겪었으며 질고를 아는 자라 마치 사람들이 그에게서 얼굴을 가리는 것 같이 멸시를 당하였고 우리도 그를 귀히 여기지 아니하였음을 _____가 기억하게 하소서(사 53:3).

성구 확장 기도

♡ ○○를 위해 구체적인 기도를 하겠습니다.

자녀 이름:	자녀 이름:

② 학교 선생님을 위해 기도하겠습니다.

신자일 때: 그러므로 자기를 힘입어 하나님께 나아가는 _____ 선생님을 온전히 구원하실 수 있으니 이는 그가 항상 살아 계셔서 _____ 선생님을 위하여 간구하심이라(히 7:25).

불신자일 때: 하나님은 한 분이시요 또 하나님과 사람 사이에 중보자도 한 분이시니 곧 사람이신 그리스도 예수라 그가 모든 사람을 위하여 자기를 대속물로 주셨음을 _____ 선생님이 믿게 하소서(딤전 2:5-6).

구체적인 기도 제목: _____

③ 학교를 위해 기도하겠습니다. _____

④ 주일학교 선생님을 위해 기도하겠습니다. _____

⑤ 주일학교 주요 사안(주일학교 부서)을 위해 기도하겠습니다. _____

⑥ 기도하는 엄마들 사역을 위해 기도달력으로 기도하겠습니다(당월 기도달력을 홈페이지에서 다운받아 모일 때마다 한 주 분씩 기도해 주십시오. **www.mip.or.kr**).

♥ **마무리** – 오늘도 우리의 기도를 들으시는 하나님께 감사와 영광을 올려드리며 예수님의 이름으로 기도드립니다. 아멘!

♥ 모임 내에서 기도한 내용은 모임 안에 남아야 함을 잊지 마십시오!!

기도하는 엄마들 **기도일지 ④**

_____ 년 _____ 월 기도달력

♥ MEMO ♥

5주 ♥ 더 좋은 언약의 보증 예수

한국 기도하는 엄마들　　　　　　　　　　• 날짜: 20____년 ____월 ____일 (____요일) ____시

♥ **찬양**(8-10분) – 이제 **더 좋은 언약의 보증 예수**를 선포하고 찬양하겠습니다(하나님의 속성, 이름, 성품으로 하나님을 찬양하십시오. 이 시간은 기도 응답이나 기도 제목을 나누는 시간이 아닙니다. 찬양만 하십시오.).

구약의 모든 언약은 예수님 안에서 성취되고 완성되었습니다. 예수님의 언약은 완성된 언약입니다. 예수님은 언약의 주체시요 이 언약은 예수님 자신이 보증하셨습니다. 하나님의 언약은 예수님을 통해 완성되고 예수님에 의해 보증된 것입니다. 보증 선 자는 보증 받은 자의 채무가 완전히 면제되기까지 그 보증을 책임집니다. 예수님은 언약이 완성되기까지 그 보증을 책임지십니다. 한 번 구원하신 백성은 끝까지 책임지십니다. 절대로 우리를 버리지도 않으시고 떠나지도 않으십니다.

요 1:12　　영접하는 자 곧 그 이름(예수)을 믿는 자들에게는 하나님의 자녀가 되는 권세를 주셨으니

히 7:22　　이와 같이 예수는 더 좋은 언약의 보증이 되셨느니라

히 10:16a　주께서 이르시되 그 날 후로는 그들과 맺을 언약이 이것이라 하시고 내 법을 그들의 마음에 두고 그들의 생각에 기록하리라

히 8:6-7　　그러나 이제 그(예수)는 더 아름다운 직분을 얻으셨으니 그는 더 좋은 약속으로 세우신 더 좋은 언약의 중보자시라 저 첫 언약이 무흠하였더라면 둘째 것을 요구할 일이 없었으려니와

마 26:27-28　또 잔을 가지사 감사 기도 하시고 그들에게 주시며 이르시되 너희가 다 이것을 마시라 이것은 죄 사함을 얻게 하려고 많은 사람을 위하여 흘리는 바 나의 피 곧 언약의 피니라

히 8:10　　또 주께서 이르시되 그 날 후에 내가 이스라엘 집과 맺을 언약은 이것이니 내 법을 그들의 생각에 두고 그들의 마음에 이것을 기록하리라 나는 그들에게 하나님이 되고 그들은 내게 백성이 되리라

♥ **고백**(2-3분) – 우리가 죄를 품고 있으면 하나님은 우리 기도를 듣지 않으십니다.
　　　　　　　이 시간은 조용히 침묵하는 가운데 우리의 죄를 고백하는 기도를 하겠습니다. (2-3분 후)

　　　　　　　만일 우리가 우리 죄를 자백하면 하나님께서는 신실하시고 의로우심으로 우리 죄를 용서하시고 모든 불의에서 우리를 깨끗케 하신다고 하신 말씀대로 우리의 죄가 그리스도의 보혈로 깨끗하게 씻겨졌음을 믿습니다. 이제 우리를 온전히 다스리시고, 성령으로 충만케 하여 주시옵소서. 아멘!

♥ **감사**(5-8분) – 이제 기도 응답에 대하여 하나님께 감사기도를 드리겠습니다(이 시간에 간구는 하지 않습니다.).

자녀 이름:　　　　　　　　　　　　　　　　자녀 이름:

_____

_____

_____

_____

♥ **중보(30-40분)** – (대화식 합심기도는 언제나 짧고 Short, 간단하게 Simple, 구체적으로 Specific 합니다.)

① 이제 우리 자녀를 위해 중보기도하겠습니다.

♡ 먼저 ○○를 위해 성구기도하겠습니다.

또 주께서 이르시되 그 날 후에 내가 _____와 맺을 언약은 이것이니 내 법을 _____의 생각에 두고 _____의 마음에 이것을 기록하리라 나는 _____에게 하나님이 되고 _____은 내게 백성이 되리라(히 8:10).

성구 확장 기도

♡ ○○를 위해 구체적인 기도를 하겠습니다.

자녀 이름:	자녀 이름:

② 학교 선생님을 위해 기도하겠습니다.

신자일 때: 그러므로 자기를 힘입어 하나님께 나아가는 _____ 선생님을 온전히 구원하실 수 있으니 이는 그가 항상 살아 계셔서 _____ 선생님을 위하여 간구하심이라(히 7:25).

불신자일 때: 하나님은 한 분이시요 또 하나님과 사람 사이에 중보자도 한 분이시니 곧 사람이신 그리스도 예수라 그가 모든 사람을 위하여 자기를 대속물로 주셨음을 _____ 선생님이 믿게 하소서(딤전 2:5-6).

구체적인 기도 제목: _____

③ 학교를 위해 기도하겠습니다. _____

④ 주일학교 선생님을 위해 기도하겠습니다. _____

⑤ 주일학교 주요 사안(주일학교 부서)을 위해 기도하겠습니다. _____

⑥ 기도하는 엄마들 사역을 위해 기도달력으로 기도하겠습니다(당월 기도달력을 홈페이지에서 다운받아 모일 때마다 한 주 분씩 기도해 주십시오. www.mip.or.kr).

♥ **마무리** – 오늘도 우리의 기도를 들으시는 하나님께 감사와 영광을 올려드리며 예수님의 이름으로 기도드립니다. 아멘!

♥ 모임 내에서 기도한 내용은 모임 안에 남아야 함을 잊지 마십시오!!

6주 ♥ 중보자 예수

한국 기도하는 엄마들　　　　　　　　　　•날짜: 20____년 ____월 ____일 (____요일) ____시

♥ **찬양**(8-10분) – 이제 **중보자 예수**를 선포하고 **찬양하겠습니다**(하나님의 속성, 이름, 성품으로 하나님을 찬양하십시오. 이 시간은 기도 응답이나 기도 제목을 나누는 시간이 아닙니다. 찬양만 하십시오.).

중보자에게는 쌍방을 중재하는 힘이 필요합니다. 예수님은 하나님의 아들이십니다. 하나님의 보내심을 받고 이 땅에 오셨습니다. 예수님은 인생들을 진심으로 사랑하셔서 인간의 죄악을 한 몸에 지고 십자가에 피 흘려 죽으심으로 백성들의 신임을 얻으셨습니다. 진정한 중보자에게는 양 당사자를 화해로 인도할 능력이 필요합니다. 예수님은 100% 완전한 사람으로 오셔서 100% 하나님의 공의를 만족시킴으로 하나님과 사람 사이에서 진정한 화해자가 되셨습니다. 거룩하신 하나님의 원수였던 죄악된 우리를 하나님과 화해시키신 진정한 중보자이신 예수님을 찬양합니다.

롬 8:34	누가 정죄하리요 죽으실 뿐 아니라 다시 살아나신 이는 그리스도 예수시니 그는 하나님 우편에 계신 자요 우리를 위하여 간구하시는 자시니라
히 7:25	그러므로 자기를 힘입어 하나님께 나아가는 자들을 온전히 구원하실 수 있으니 이는 그가 항상 살아 계셔서 그들을 위하여 간구하심이라
히 9:24	그리스도께서는 참 것의 그림자인 손으로 만든 성소에 들어가지 아니하시고 바로 그 하늘에 들어가사 이제 우리를 위하여 하나님 앞에 나타나시고
갈 3:20	그 중보자는 한 편만 위한 자가 아니나 하나님은 한 분이시니라
딤전 2:5	하나님은 한 분이시요 또 하나님과 사람 사이에 중보자도 한 분이시니 곧 사람이신 그리스도 예수라
히 8:6	그러나 이제 그는 더 아름다운 직분을 얻으셨으니 그는 더 좋은 약속으로 세우신 더 좋은 언약의 중보자시라

♥ **고백**(2-3분) – 우리가 죄를 품고 있으면 하나님은 우리 기도를 듣지 않으십니다.
이 시간은 조용히 침묵하는 가운데 우리의 죄를 고백하는 기도를 하겠습니다. (2-3분 후)

만일 우리가 우리 죄를 자백하면 하나님께서는 신실하시고 의로우심으로 우리 죄를 용서하시고 모든 불의에서 우리를 깨끗케 하신다고 하신 말씀대로 우리의 죄가 그리스도의 보혈로 깨끗하게 씻겨졌음을 믿습니다. 이제 우리를 온전히 다스리시고, 성령으로 충만케 하여 주시옵소서. 아멘!

♥ **감사**(5-8분) – 이제 기도 응답에 대하여 하나님께 감사기도를 드리겠습니다(이 시간에 간구는 하지 않습니다.).

자녀 이름:	자녀 이름:

♥ **중보(30-40분)** – (대화식 합심기도는 언제나 짧고 Short, 간단하게 Simple, 구체적으로 Specific 합니다.)

① 이제 우리 자녀를 위해 중보기도하겠습니다.

♡ 먼저 ○○를 위해 성구기도하겠습니다.

누가 정죄하리요 죽으실 뿐 아니라 다시 살아나신 이는 그리스도 예수시니 그는 하나님 우편에 계신 자요 _____를 위하여 간구하시는 자이심을 신뢰하게 하소서(롬 8:34).

성구 확장 기도

♡ ○○를 위해 구체적인 기도를 하겠습니다.

자녀 이름:	자녀 이름:

② 학교 선생님을 위해 기도하겠습니다.

신자일 때: 그러므로 자기를 힘입어 하나님께 나아가는 _____ 선생님을 온전히 구원하실 수 있으니 이는 그가 항상 살아 계셔서 _____ 선생님을 위하여 간구하심이라(히 7:25).

불신자일 때: 하나님은 한 분이시요 또 하나님과 사람 사이에 중보자도 한 분이시니 곧 사람이신 그리스도 예수라 그가 모든 사람을 위하여 자기를 대속물로 주셨음을 _____ 선생님이 믿게 하소서(딤전 2:5-6).

구체적인 기도 제목: _____

③ 학교를 위해 기도하겠습니다. _____

④ 주일학교 선생님을 위해 기도하겠습니다. _____

⑤ 주일학교 주요 사안(주일학교 부서)을 위해 기도하겠습니다. _____

⑥ 기도하는 엄마들 사역을 위해 기도달력으로 기도하겠습니다(당월 기도달력을 홈페이지에서 다운받아 모일 때마다 한 주 분씩 기도해 주십시오. www.mip.or.kr).

♥ **마무리** – 오늘도 우리의 기도를 들으시는 하나님께 감사와 영광을 올려드리며 예수님의 이름으로 기도드립니다. 아멘!

♥ 모임 내에서 기도한 내용은 모임 안에 남아야 함을 잊지 마십시오!!

7주 ♥ 구원의 반석 예수님

한국 기도하는 엄마들　　　　　　　　　　　• 날짜: 20____년 ____월 ____일 (____요일) ____시

♥ 찬양 (8-10분) – 이제 **구원의 반석 예수님**을 선포하고 찬양하겠습니다(하나님의 속성, 이름, 성품으로 하나님을 찬양하십시오. 이 시간은 기도 응답이나 기도 제목을 나누는 시간이 아닙니다. 찬양만 하십시오.).

예수 그리스도 외의 다른 것은 언젠가 반드시 무너지게 되어 있습니다. 예수 그리스도는 하나님의 아들이십니다. 예수 그리스도가 우리 인생을 얽어맨 그 무서운 어두움의 쇠사슬을 파하셨고 죽음을 이기는 생명의 권세를 우리에게 선물로 주셨습니다. 예수 그리스도 그분이 구원의 반석이시며 이 땅에서 가장 안전한 기초이십니다. 그런데 사탄은 우리에게 예수 없이도 구원이 있다고 가르치면서 인간을 노예로 삼고 결국은 멸망시키기 위해 죽음의 공포로 얽어맵니다. 하지만 예수님께서는 우리의 모든 죄를 용서하시고 구원해 주셨습니다. 이 시간 구원의 반석 되신 예수님을 찬양합니다.

요 4:13-14　예수께서 대답하여 이르시되 이 물을 마시는 자마다 다시 목마르려니와 내가 주는 물을 마시는 자는 영원히 목마르지 아니하리니 내가 주는 물은 그 속에서 영생하도록 솟아나는 샘물이 되리라

고전 10:1-4　형제들아 나는 너희가 알지 못하기를 원하지 아니하노니 우리 조상들이 다 구름 아래에 있고 바다 가운데로 지나며 모세에게 속하여 다 구름과 바다에서 세례를 받고 다 같은 신령한 음식을 먹으며 다 같은 신령한 음료를 마셨으니 이는 그들을 따르는 신령한 반석으로부터 마셨으매 그 반석은 곧 그리스도시라

시 105:41　반석을 여신즉 물이 흘러나와 마른 땅에 강 같이 흘렀으니

롬 9:33　기록된 바 보라 내가 걸림돌과 거치는 바위를 시온에 두노니 그를 믿는 자는 부끄러움을 당하지 아니하리라 함과 같으니라

벧전 2:8　또한 부딪치는 돌과 걸려 넘어지게 하는 바위가 되었다 하였느니라 그들이 말씀을 순종하지 아니하므로 넘어지나니 이는 그들을 이렇게 정하신 것이라

시 94:22　여호와는 나의 요새이시요 나의 하나님은 내가 피할 반석이시라

♥ 고백 (2-3분) – 우리가 죄를 품고 있으면 하나님은 우리 기도를 듣지 않으십니다.
이 시간은 조용히 침묵하는 가운데 우리의 죄를 고백하는 기도를 하겠습니다. (2-3분 후)
만일 우리가 우리 죄를 자백하면 하나님께서는 신실하시고 의로우심으로 우리 죄를 용서하시고 모든 불의에서 우리를 깨끗케 하신다고 하신 말씀대로 우리의 죄가 그리스도의 보혈로 깨끗하게 씻겨졌음을 믿습니다. 이제 우리를 온전히 다스리시고, 성령으로 충만케 하여 주시옵소서. 아멘!

♥ 감사 (5-8분) – 이제 기도 응답에 대하여 하나님께 감사기도를 드리겠습니다(이 시간에 간구는 하지 않습니다.).

자녀 이름:　　　　　　　　　　　　　　　　자녀 이름:

_____　_____

_____　_____

_____　_____

_____　_____

♥ **중보 (30-40분)** – (대화식 합심기도는 언제나 짧고 Short, 간단하게 Simple, 구체적으로 Specific 합니다.)

① 이제 우리 자녀를 위해 중보기도하겠습니다.

♡ 먼저 ○○를 위해 성구기도하겠습니다.

여호와는 _____의 요새이시요 _____의 하나님은 _____가 피할 반석이시라(시 94:22).

성구 확장 기도

♡ ○○를 위해 구체적인 기도를 하겠습니다.

자녀 이름:	자녀 이름:

② 학교 선생님을 위해 기도하겠습니다.

신자일 때: 그러므로 자기를 힘입어 하나님께 나아가는 _____ 선생님을 온전히 구원하실 수 있으니 이는 그가 항상 살아 계셔서 _____ 선생님을 위하여 간구하심이라(히 7:25).

불신자일 때: 하나님은 한 분이시요 또 하나님과 사람 사이에 중보자도 한 분이시니 곧 사람이신 그리스도 예수라 그가 모든 사람을 위하여 자기를 대속물로 주셨음을 _____ 선생님이 믿게 하소서(딤전 2:5-6).

구체적인 기도 제목: _____

③ 학교를 위해 기도하겠습니다. _____

④ 주일학교 선생님을 위해 기도하겠습니다. _____

⑤ 주일학교 주요 사안(주일학교 부서)을 위해 기도하겠습니다. _____

⑥ 기도하는 엄마들 사역을 위해 기도달력으로 기도하겠습니다(당월 기도달력을 홈페이지에서 다운받아 모일 때마다 한 주 분씩 기도해 주십시오. www.mip.or.kr).

♥ **마무리** – 오늘도 우리의 기도를 들으시는 하나님께 감사와 영광을 올려드리며 예수님의 이름으로 기도드립니다. 아멘!

♥ 모임 내에서 기도한 내용은 모임 안에 남아야 함을 잊지 마십시오!!

8주 ♥ 세상의 빛 예수님

한국 기도하는 엄마들　　　　　　　　　• 날짜: 20____년____월____일(____요일)____시

♥ **찬양**(8-10분) – 이제 **세상의 빛 예수님을 선포하고 찬양하겠습니다**(하나님의 속성, 이름, 성품으로 하나님을 찬양하십시오. 이 시간은 기도 응답이나 기도 제목을 나누는 시간이 아닙니다. 찬양만 하십시오.).

모든 사람이 어둠 속에서 갈 바를 알지 못하고 헤맬 때, 참 빛이신 그리스도께서 이 땅에 오셨습니다. 다른 빛은 다 '가짜 빛'입니다. 예수님의 빛이 죄와 죽음으로 깜깜한 어둠을 비추는 '참 빛'이기 때문입니다. 흑암과 죽음에 갇힌 세상을 비추는 참된 생명의 빛이고, 사탄의 저주 아래 신음하는 이 세상을 비추는 진정한 축복의 빛이십니다. 사도 바울은 예수님을 만나고 그 인생이 전인격적으로 변했습니다. 그가 예수 믿는 자들을 핍박하던 삶에서 예수님을 증거하는 삶으로 변하게 된 것입니다. 우리를 세상의 빛으로 삼으신 참 빛이신 예수님을 찬양합니다.

요 1:4-5　　그 안에 생명이 있었으니 이 생명은 사람들의 빛이라 빛이 어둠에 비치되 어둠이 깨닫지 못하더라

요 8:12　　예수께서 또 말씀하여 이르시되 나는 세상의 빛이니 나를 따르는 자는 어둠에 다니지 아니하고 생명의 빛을 얻으리라

요 12:46　　나는 빛으로 세상에 왔나니 무릇 나를 믿는 자로 어둠에 거하지 않게 하려 함이로라

엡 5:8-9　　너희가 전에는 어둠이더니 이제는 주 안에서 빛이라 빛의 자녀들처럼 행하라 빛의 열매는 모든 착함과 의로움과 진실함에 있느니라

벧전 2:9　　그러나 너희는 택하신 족속이요 왕 같은 제사장들이요 거룩한 나라요 그의 소유가 된 백성이니 이는 너희를 어두운 데서 불러 내어 그의 기이한 빛에 들어가게 하신 이의 아름다운 덕을 선포하게 하려 하심이라

요 9:5　　내가 세상에 있는 동안에는 세상의 빛이로라

♥ **고백**(2-3분) – 우리가 죄를 품고 있으면 하나님은 우리 기도를 듣지 않으십니다.
　　　　　　이 시간은 조용히 침묵하는 가운데 우리의 죄를 고백하는 기도를 하겠습니다. (2-3분 후)
　　　　　　만일 우리가 우리 죄를 자백하면 하나님께서는 신실하시고 의로우심으로 우리 죄를 용서하시고 모든 불의에서 우리를 깨끗하게 하신다고 하신 말씀대로 우리의 죄가 그리스도의 보혈로 깨끗하게 씻겨졌음을 믿습니다. 이제 우리를 온전히 다스리시고, 성령으로 충만케 하여 주시옵소서. 아멘!

♥ **감사**(5-8분) – 이제 기도 응답에 대하여 하나님께 감사기도를 드리겠습니다(이 시간에 간구는 하지 않습니다.).

자녀 이름:　　　　　　　　　　　　　　　　　자녀 이름:

_____

_____

_____

_____

♥ **중보(30-40분)** – (대화식 합심기도는 언제나 짧고 Short, 간단하게 Simple, 구체적으로 Specific 합니다.)

① 이제 우리 자녀를 위해 중보기도하겠습니다.

♡ 먼저 ○○를 위해 성구기도하겠습니다.

예수께서 또 말씀하여 이르시되 나는 세상의 빛이니 나를 따르는 _____는 어둠에 다니지 아니하고 생명의 빛을 얻으리라(요 8:12).

성구 확장 기도

♡ ○○를 위해 구체적인 기도를 하겠습니다.

자녀 이름:	자녀 이름:

② 학교 선생님을 위해 기도하겠습니다.

신자일 때: 그러므로 자기를 힘입어 하나님께 나아가는 _____ 선생님을 온전히 구원하실 수 있으니 이는 그가 항상 살아 계셔서 _____ 선생님을 위하여 간구하심이라(히 7:25).

불신자일 때: 하나님은 한 분이시요 또 하나님과 사람 사이에 중보자도 한 분이시니 곧 사람이신 그리스도 예수라 그가 모든 사람을 위하여 자기를 대속물로 주셨음을 _____ 선생님이 믿게 하소서(딤전 2:5-6).

구체적인 기도 제목: _____

③ 학교를 위해 기도하겠습니다. _____

④ 주일학교 선생님을 위해 기도하겠습니다. _____

⑤ 주일학교 주요 사안(주일학교 부서)을 위해 기도하겠습니다. _____

⑥ 기도하는 엄마들 사역을 위해 기도달력으로 기도하겠습니다(당월 기도달력을 홈페이지에서 다운받아 모일 때마다 한 주 분씩 기도해 주십시오. www.mip.or.kr).

♥ **마무리** – 오늘도 우리의 기도를 들으시는 하나님께 감사와 영광을 올려드리며 예수님의 이름으로 기도드립니다. 아멘!

♥ 모임 내에서 기도한 내용은 모임 안에 남아야 함을 잊지 마십시오!!

기도하는 엄마들 **기도일지 ❹**

_____ 년 _____ 월 기도달력

♥ MEMO ♥

9주 ♥ 참포도나무 예수 (암펠로스)

한국 기도하는 엄마들 • 날짜: 20___년 ___월 ___일 (___요일) ___시

♥ **찬양 (8-10분)** – 이제 **참포도나무 예수**를 선포하고 찬양하겠습니다(하나님의 속성, 이름, 성품으로 하나님을 찬양하십시오. 이 시간은 기도 응답이나 기도 제목을 나누는 시간이 아닙니다. 찬양만 하십시오.).

우리는 참포도나무이신 예수님께 붙어 있을 때 진정한 축복의 삶을 살 수 있습니다. 예수님께 온전히 붙어있으면, 놀랍게도 그때부터 완전히 차원이 다른 인생을 살아가게 됩니다. 더 이상 작열하는 태양이 두렵지 않고 거센 비바람이 무섭지 않습니다. 왜냐하면 완전한 참포도나무이신 예수님께서 우리 인생을 보호해 주시고 극상품의 포도를 우리 인생 안에 맺게 하시기 때문입니다. 주님은 추위와 더위, 홍수와 가뭄 같은 어려운 환경 속에서도 우리를 보호해 주시고 자양분을 넉넉하게 공급해 주시는 능력의 원천(源泉)이십니다.

요 15:1-2   나는 참포도나무요 내 아버지는 농부라 무릇 내게 붙어 있어 열매를 맺지 아니하는 가지는 아버지께서 그것을 제거해 버리시고 무릇 열매를 맺는 가지는 더 열매를 맺게 하려 하여 그것을 깨끗하게 하시느니라

요 15:3-4   너희는 내가 일러준 말로 이미 깨끗하여졌으니 내 안에 거하라 나도 너희 안에 거하리라 가지가 포도나무에 붙어 있지 아니하면 스스로 열매를 맺을 수 없음 같이 너희도 내 안에 있지 아니하면 그러하리라

요 15:5   나는 포도나무요 너희는 가지라 그가 내 안에, 내가 그 안에 거하면 사람이 열매를 많이 맺나니 나를 떠나서는 너희가 아무 것도 할 수 없음이라

요 15:6   사람이 내 안에 거하지 아니하면 가지처럼 밖에 버려져 마르나니 사람들이 그것을 모아다가 불에 던져 사르느니라

요 15:7-8   너희가 내 안에 거하고 내 말이 너희 안에 거하면 무엇이든지 원하는 대로 구하라 그리하면 이루리라 너희가 열매를 많이 맺으면 내 아버지께서 영광을 받으실 것이요 너희는 내 제자가 되리라

♥ **고백 (2-3분)** – 우리가 죄를 품고 있으면 하나님은 우리 기도를 듣지 않으십니다. 이 시간은 조용히 침묵하는 가운데 우리의 죄를 고백하는 기도를 하겠습니다. (2-3분 후)

만일 우리가 우리 죄를 자백하면 하나님께서는 신실하시고 의로우심으로 우리 죄를 용서하시고 모든 불의에서 우리를 깨끗케 하신다고 하신 말씀대로 우리의 죄가 그리스도의 보혈로 깨끗하게 씻겨졌음을 믿습니다. 이제 우리를 온전히 다스리시고, 성령으로 충만케 하여 주시옵소서. 아멘!

♥ **감사 (5-8분)** – 이제 기도 응답에 대하여 하나님께 감사기도를 드리겠습니다(이 시간에 간구는 하지 않습니다.).

자녀 이름: 자녀 이름:

♥ **중보(30-40분)** – (대화식 합심기도는 언제나 짧고 Short, 간단하게 Simple, 구체적으로 Specific 합니다.)

① 이제 우리 자녀를 위해 중보기도하겠습니다.

　♡ 먼저 ○○를 위해 성구기도하겠습니다.

　　_____가 주 안에 거하고 주의 말이 _____ 안에 거하여 무엇이든지 원하는 대로 구하고 이루어지게 하소서(요 15:7).

　성구 확장 기도

　♡ ○○를 위해 구체적인 기도를 하겠습니다.

자녀 이름:	자녀 이름:

② 학교 선생님을 위해 기도하겠습니다.

　신자일 때: 그러므로 자기를 힘입어 하나님께 나아가는 _____ 선생님을 온전히 구원하실 수 있으니 이는 그가 항상 살아 계셔서 _____ 선생님을 위하여 간구하심이라(히 7:25).

　불신자일 때: 하나님은 한 분이시요 또 하나님과 사람 사이에 중보자도 한 분이시니 곧 사람이신 그리스도 예수라 그가 모든 사람을 위하여 자기를 대속물로 주셨음을 _____ 선생님이 믿게 하소서(딤전 2:5-6).

　구체적인 기도 제목: _____

③ 학교를 위해 기도하겠습니다. _____

④ 주일학교 선생님을 위해 기도하겠습니다. _____

⑤ 주일학교 주요 사안(주일학교 부서)을 위해 기도하겠습니다. _____

⑥ 기도하는 엄마들 사역을 위해 기도달력으로 기도하겠습니다(당월 기도달력을 홈페이지에서 다운받아 모일 때마다 한 주 분씩 기도해 주십시오. www.mip.or.kr).

♥ **마무리** – 오늘도 우리의 기도를 들으시는 하나님께 감사와 영광을 올려드리며 예수님의 이름으로 기도드립니다. 아멘!

　　♥ 모임 내에서 기도한 내용은 모임 안에 남아야 함을 잊지 마십시오!!

10주 ♥ 우리 신랑 (남편, 눈피오스)

한국 기도하는 엄마들 • 날짜: 20____년 ____월 ____일 (____요일) ____시

♥ **찬양** (8-10분) – 이제 **우리 신랑 눈피오스를 선포하고 찬양하겠습니다**(하나님의 속성, 이름, 성품으로 하나님을 찬양하십시오. 이 시간은 기도 응답이나 기도 제목을 나누는 시간이 아닙니다. 찬양만 하십시오.).

신랑이라는 단어가 헬라어로 '눈피오스'입니다. 예수님은 우리의 '신랑'이십니다. 마치 한 여인이 신랑을 만나 큰 기쁨을 누리는 것처럼, 우리가 예수님을 만나면 그러한 기쁨을 누릴 수 있습니다. 우리를 진정으로 만족하게 해 줄 수 있는 신랑은 오직 예수 그리스도 한 분뿐이십니다.

눅 5:33-35 그들이 예수께 말하되 요한의 제자는 자주 금식하며 기도하고 바리새인의 제자들도 또한 그리하되 당신의 제자들은 먹고 마시나이다 예수께서 그들에게 이르시되 혼인 집 손님들이 신랑과 함께 있을 때에 너희가 그 손님으로 금식하게 할 수 있느냐 그러나 그 날에 이르러 그들이 신랑을 빼앗기리니 그 날에는 금식할 것이니라

요 3:28-30 내가 말한 바 나는 그리스도가 아니요 그의 앞에 보내심을 받은 자라고 한 것을 증언할 자는 너희니라 신부를 취하는 자는 신랑이나 서서 신랑의 음성을 듣는 친구가 크게 기뻐하나니 나는 이러한 기쁨으로 충만하였노라 그는 흥하여야 하겠고 나는 쇠하여야 하리라

계 19:7-8 우리가 즐거워하고 크게 기뻐하며 그에게 영광을 돌리세 어린 양의 혼인 기약이 이르렀고 그의 아내가 자신을 준비하였으므로 그에게 빛나고 깨끗한 세마포 옷을 입도록 허락하셨으니 이 세마포 옷은 성도들의 옳은 행실이로다

계 21:2 또 내가 보매 거룩한 성 새 예루살렘이 하나님께로부터 하늘에서 내려오니 그 준비한 것이 신부가 남편을 위하여 단장한 것 같더라

계 21:9-10 일곱 대접을 가지고 마지막 일곱 재앙을 담은 일곱 천사 중 하나가 나아와서 내게 말하여 이르되 이리 오라 내가 신부 곧 어린 양의 아내를 네게 보이리라 하고 성령으로 나를 데리고 크고 높은 산으로 올라가 하나님께로부터 하늘에서 내려오는 거룩한 성 예루살렘을 보이니

♥ **고백** (2-3분) – 우리가 죄를 품고 있으면 하나님은 우리 기도를 듣지 않으십니다.
이 시간은 조용히 침묵하는 가운데 우리의 죄를 고백하는 기도를 하겠습니다. (2-3분 후)
만일 우리가 우리 죄를 자백하면 하나님께서는 신실하시고 의로우심으로 우리 죄를 용서하시고 모든 불의에서 우리를 깨끗하게 하신다고 하신 말씀대로 우리의 죄가 그리스도의 보혈로 깨끗하게 씻겨졌음을 믿습니다. 이제 우리를 온전히 다스리시고, 성령으로 충만케 하여 주시옵소서. 아멘!

♥ **감사** (5-8분) – 이제 기도 응답에 대하여 하나님께 감사기도를 드리겠습니다(이 시간에 간구는 하지 않습니다.).

자녀 이름:	자녀 이름:

♥ **중보(30-40분)** – (대화식 합심기도는 언제나 짧고 Short, 간단하게 Simple, 구체적으로 Specific 합니다.)

① 이제 우리 자녀를 위해 중보기도하겠습니다.

   ♡ 먼저 ○○를 위해 성구기도하겠습니다.

   _____에게 빛나고 깨끗한 세마포 옷을 입도록 허락하셨으니 이 세마포 옷은 _____의 옳은 행실임을 잊지 않게 하소서(계 19:8).

   성구 확장 기도

   ♡ ○○를 위해 구체적인 기도를 하겠습니다.

자녀 이름:	자녀 이름:

② 학교 선생님을 위해 기도하겠습니다.

   신자일 때: 그러므로 자기를 힘입어 하나님께 나아가는 _____ 선생님을 온전히 구원하실 수 있으니 이는 그가 항상 살아 계셔서 _____ 선생님을 위하여 간구하심이라(히 7:25).

   불신자일 때: 하나님은 한 분이시요 또 하나님과 사람 사이에 중보자도 한 분이시니 곧 사람이신 그리스도 예수라 그가 모든 사람을 위하여 자기를 대속물로 주셨음을 _____ 선생님이 믿게 하소서(딤전 2:5-6).

   구체적인 기도 제목: _____

③ 학교를 위해 기도하겠습니다. _____

④ 주일학교 선생님을 위해 기도하겠습니다. _____

⑤ 주일학교 주요 사안(주일학교 부서)을 위해 기도하겠습니다. _____

⑥ 기도하는 엄마들 사역을 위해 기도달력으로 기도하겠습니다(당월 기도달력을 홈페이지에서 다운받아 모일 때마다 한 주 분씩 기도해 주십시오. **www.mip.or.kr**).

♥ **마무리** – 오늘도 우리의 기도를 들으시는 하나님께 감사와 영광을 올려드리며 예수님의 이름으로 기도드립니다. 아멘!

   ♥ 모임 내에서 기도한 내용은 모임 안에 남아야 함을 잊지 마십시오!!

11주 ♥ 유월절 희생양 예수 (페사흐)

한국 기도하는 엄마들   • 날짜: 20____년 ____월 ____일 (____요일) ____시

♥ **찬양**(8-10분) – 이제 유월절 희생양 예수 페사흐를 선포하고 찬양하겠습니다(하나님의 속성, 이름, 성품으로 하나님을 찬양하십시오. 이 시간은 기도 응답이나 기도 제목을 나누는 시간이 아닙니다. 찬양만 하십시오.).

히브리어로 유월절은 '페사흐'입니다. 이 '페사흐'는 '넘어가다'라는 의미가 있습니다. 애굽에서 하나님의 심판이 진행될 때 어린 양의 피가 문 인방과 문설주에 발라져 있으면 하나님께서 심판을 멈추신다는 의미입니다. 유월절 어린 양의 피를 바른 그 집 전체가 구원받을 수 있듯이, 예수 십자가를 통해서 구원을 경험하고 영생을 체험한 우리들에게 영원한 심판을 면제해주겠다고 하나님께서 약속하셨습니다.

레 4:26b	제사장이 그 범한 죄에 대하여 그를 위하여 속죄한즉 그가 사함을 얻으리라
출 12:13	내가 애굽 땅을 칠 때에 그 피가 너희가 사는 집에 있어서 너희를 위하여 표적이 될지라 내가 피를 볼 때에 너희를 넘어가리니 재앙이 너희에게 내려 멸하지 아니하리라
출 12:23	여호와께서 애굽 사람들에게 재앙을 내리려고 지나가실 때에 문 인방과 좌우 문설주의 피를 보시면 여호와께서 그 문을 넘으시고 멸하는 자에게 너희 집에 들어가서 너희를 치지 못하게 하실 것임이니라
히 7:27	그는 저 대제사장들이 먼저 자기 죄를 위하고 다음에 백성의 죄를 위하여 날마다 제사 드리는 것과 같이 할 필요가 없으니 이는 그가 단번에 자기를 드려 이루셨음이라
고전 5:7	너희는 누룩 없는 자인데 새 덩어리가 되기 위하여 묵은 누룩을 내버리라 우리의 유월절 양 곧 그리스도께서 희생되셨느니라
히 11:28	믿음으로 유월절과 피 뿌리는 예식을 정하였으니 이는 장자를 멸하는 자로 그들을 건드리지 않게 하려 한 것이며

♥ **고백**(2-3분) – 우리가 죄를 품고 있으면 하나님은 우리 기도를 듣지 않으십니다.
이 시간은 조용히 침묵하는 가운데 우리의 죄를 고백하는 기도를 하겠습니다. (2-3분 후)

만일 우리가 우리 죄를 자백하면 하나님께서는 신실하시고 의로우심으로 우리 죄를 용서하시고 모든 불의에서 우리를 깨끗케 하신다고 하신 말씀대로 우리의 죄가 그리스도의 보혈로 깨끗하게 씻겨졌음을 믿습니다. 이제 우리를 온전히 다스리시고, 성령으로 충만케 하여 주시옵소서. 아멘!

♥ **감사**(5-8분) – 이제 기도 응답에 대하여 하나님께 감사기도를 드리겠습니다(이 시간에 간구는 하지 않습니다.).

자녀 이름:	자녀 이름:

♥ **중보(30-40분)** – (대화식 합심기도는 언제나 짧고 Short, 간단하게 Simple, 구체적으로 Specific 합니다.)

① 이제 우리 자녀를 위해 중보기도하겠습니다.

♡ 먼저 ○○를 위해 성구기도하겠습니다.

여호와께서 애굽 사람들에게 재앙을 내리려고 지나가실 때에 문 인방과 좌우 문설주의 피를 보시면 여호와께서 그 문을 넘으시고 멸하는 자에게 _____ 집에 들어가서 _____를 치지 못하게 하신 것을 _____가 알게 하소서(출 12:23).

성구 확장 기도

♡ ○○를 위해 구체적인 기도를 하겠습니다.

자녀 이름:	자녀 이름:

② 학교 선생님을 위해 기도하겠습니다.

신자일 때: 그러므로 자기를 힘입어 하나님께 나아가는 _____ 선생님을 온전히 구원하실 수 있으니 이는 그가 항상 살아 계셔서 _____ 선생님을 위하여 간구하심이라(히 7:25).

불신자일 때: 하나님은 한 분이시요 또 하나님과 사람 사이에 중보자도 한 분이시니 곧 사람이신 그리스도 예수라 그가 모든 사람을 위하여 자기를 대속물로 주셨음을 _____ 선생님이 믿게 하소서(딤전 2:5-6).

구체적인 기도 제목: _____

③ 학교를 위해 기도하겠습니다. _____

④ 주일학교 선생님을 위해 기도하겠습니다. _____

⑤ 주일학교 주요 사안(주일학교 부서)을 위해 기도하겠습니다. _____

⑥ 기도하는 엄마들 사역을 위해 기도달력으로 기도하겠습니다(당월 기도달력을 홈페이지에서 다운받아 모일 때마다 한 주 분씩 기도해 주십시오. www.mip.or.kr).

♥ **마무리** – 오늘도 우리의 기도를 들으시는 하나님께 감사와 영광을 올려드리며 예수님의 이름으로 기도드립니다. 아멘!

♥ 모임 내에서 기도한 내용은 모임 안에 남아야 함을 잊지 마십시오!!

12주 ♥ 영생수 예수

한국 기도하는 엄마들 ・날짜: 20____년 ____월 ____일 (____요일) ____시

♥ **찬양**(8-10분) – 이제 영생수 예수를 선포하고 찬양하겠습니다(하나님의 속성, 이름, 성품으로 하나님을 찬양하십시오. 이 시간은 기도 응답이나 기도 제목을 나누는 시간이 아닙니다. 찬양만 하십시오.).

이 세상이 주는 물질이나 권세나 명예, 건강 등 그 어떤 것도 우리 영혼의 목마름을 온전히 채울 수가 없습니다. 사람들은 원하는 것을 얻기 위해서라면 수단을 가리지 않습니다. 그러나 그렇게 원하는 것을 얻었다고 해도 그 끝에는 허무가 남습니다. 성경은 본문의 사마리아 여인뿐만 아니라 죄와 죽음 아래 갇혀 있는 모든 인생들이 절망이라고 선언합니다. 예수님을 만나야 영생수를 마시고, 예수님을 만나야 영원한 소망을 얻고, 예수님을 만나야 영혼의 참다운 만족을 누릴 수 있습니다.

요 4:13-14   예수께서 대답하여 이르시되 이 물을 마시는 자마다 다시 목마르려니와 내가 주는 물을 마시는 자는 영원히 목마르지 아니하리니 내가 주는 물은 그 속에서 영생하도록 솟아나는 샘물이 되리라

요 4:28-29   여자가 물동이를 버려 두고 동네로 들어가서 사람들에게 이르되 내가 행한 모든 일을 내게 말한 사람을 와서 보라 이는 그리스도가 아니냐 하니

요 7:37-39   명절 끝날 곧 큰 날에 예수께서 서서 외쳐 이르시되 누구든지 목마르거든 내게로 와서 마시라 나를 믿는 자는 성경에 이름과 같이 그 배에서 생수의 강이 흘러나오리라 하시니 이는 그를 믿는 자들이 받을 성령을 가리켜 말씀하신 것이라 (예수께서 아직 영광을 받지 않으셨으므로 성령이 아직 그들에게 계시지 아니하시더라)

계 21:6   또 내게 말씀하시되 이루었도다 나는 알파와 오메가요 처음과 마지막이라 내가 생명수 샘물을 목마른 자에게 값없이 주리니

시 114:8   그가 반석을 쳐서 못물이 되게 하시며 차돌로 샘물이 되게 하셨도다

♥ **고백**(2-3분) – 우리가 죄를 품고 있으면 하나님은 우리 기도를 듣지 않으십니다.
이 시간은 조용히 침묵하는 가운데 우리의 죄를 고백하는 기도를 하겠습니다. (2-3분 후)
만일 우리가 우리 죄를 자백하면 하나님께서는 신실하시고 의로우심으로 우리 죄를 용서하시고 모든 불의에서 우리를 깨끗게 하신다고 하신 말씀대로 우리의 죄가 그리스도의 보혈로 깨끗하게 씻겨졌음을 믿습니다. 이제 우리를 온전히 다스리시고, 성령으로 충만케 하여 주시옵소서. 아멘!

♥ **감사**(5-8분) – 이제 기도 응답에 대하여 하나님께 감사기도를 드리겠습니다(이 시간에 간구는 하지 않습니다.).

자녀 이름:	자녀 이름:

♥ **중보(30-40분)** – (대화식 합심기도는 언제나 짧고 Short, 간단하게 Simple, 구체적으로 Specific 합니다.)

① 이제 우리 자녀를 위해 중보기도하겠습니다.

♡ 먼저 ○○를 위해 성구기도하겠습니다.

예수께서 대답하여 이르시되 이 물을 마시는 자마다 다시 목마르려니와 내가 주는 물을 마시는 _____는 영원히 목마르지 아니하리니 내가 주는 물은 _____ 속에서 영생하도록 솟아나는 샘물이 되리라(요 4:13-14).

성구 확장 기도

♡ ○○를 위해 구체적인 기도를 하겠습니다.

자녀 이름:	자녀 이름:

② 학교 선생님을 위해 기도하겠습니다.

신자일 때: 그러므로 자기를 힘입어 하나님께 나아가는 _____ 선생님을 온전히 구원하실 수 있으니 이는 그가 항상 살아 계셔서 _____ 선생님을 위하여 간구하심이라(히 7:25).

불신자일 때: 하나님은 한 분이시요 또 하나님과 사람 사이에 중보자도 한 분이시니 곧 사람이신 그리스도 예수라 그가 모든 사람을 위하여 자기를 대속물로 주셨음을 _____ 선생님이 믿게 하소서(딤전 2:5-6).

구체적인 기도 제목: _____

③ 학교를 위해 기도하겠습니다. _____

④ 주일학교 선생님을 위해 기도하겠습니다. _____

⑤ 주일학교 주요 사안(주일학교 부서)을 위해 기도하겠습니다. _____

⑥ **기도하는 엄마들 사역을 위해 기도달력으로 기도하겠습니다**(당월 기도달력을 홈페이지에서 다운받아 모일 때마다 한 주 분씩 기도해 주십시오. **www.mip.or.kr**).

♥ **마무리** – 오늘도 우리의 기도를 들으시는 하나님께 감사와 영광을 올려드리며 예수님의 이름으로 기도드립니다. 아멘!

♥ 모임 내에서 기도한 내용은 모임 안에 남아야 함을 잊지 마십시오!!

기도하는 엄마들 **기도일지 ❹**

_____ 년 _____ 월 기도달력

♥ MEMO ♥

13주 ♥ 주 예수(큐리오스)

한국 기도하는 엄마들 • 날짜: 20____년 ____월 ____일 (____요일) ____시

♥ **찬양**(8-10분) – 이제 **주 예수 큐리오스**를 선포하고 찬양하겠습니다(하나님의 속성, 이름, 성품으로 하나님을 찬양하십시오. 이 시간은 기도 응답이나 기도 제목을 나누는 시간이 아닙니다. 찬양만 하십시오.).

우리의 사랑과 경배를 받으실 만한 분은 예수 그리스도 한 분뿐이십니다. 인간은 존경의 대상은 될 수 있지만 경배의 대상은 아닙니다. 하나님의 피조물인 사람은 결코 다른 사람의 경배의 대상이 될 수 없습니다. 우리는 무엇을 경배하고 있나요? 돈이나 권력을 숭배하고 있지는 않습니까? 편안함이 삶의 목적이 되어 살아가고 있지는 않습니까? 우리가 주님을 경배할 때는 인생 전체를 바쳐 전심으로 경배해야 마땅합니다. 동방박사들은 준비해 온 황금과 유향과 몰약을 아기 예수님께 예물로 드렸습니다. 예수 그리스도는 우리의 왕이요 주(主)이십니다.

마 2:10-11	그들이 별을 보고 매우 크게 기뻐하고 기뻐하더라 집에 들어가 아기와 그의 어머니 마리아가 함께 있는 것을 보고 엎드려 아기께 경배하고 보배합을 열어 황금과 유향과 몰약을 예물로 드리니라
롬 10:12b	한 분이신 주께서 모든 사람의 주가 되사 그를 부르는 모든 사람에게 부요하시도다
롬 14:8	우리가 살아도 주를 위하여 살고 죽어도 주를 위하여 죽나니 그러므로 사나 죽으나 우리가 주의 것이로다
롬 15:11	… 모든 열방들아 주를 찬양하며 모든 백성들아 그를 찬송하라…
엡 5:9-10	빛의 열매는 모든 착함과 의로움과 진실함에 있느니라 주를 기쁘시게 할 것이 무엇인가 시험하여 보라
엡 5:19	시와 찬송과 신령한 노래들로 서로 화답하며 너희의 마음으로 주께 노래하며 찬송하며

♥ **고백**(2-3분) – 우리가 죄를 품고 있으면 하나님은 우리 기도를 듣지 않으십니다.
이 시간은 조용히 침묵하는 가운데 우리의 죄를 고백하는 기도를 하겠습니다. (2-3분 후)

만일 우리가 우리 죄를 자백하면 하나님께서는 신실하시고 의로우심으로 우리 죄를 용서하시고 모든 불의에서 우리를 깨끗하게 하신다고 하신 말씀대로 우리의 죄가 그리스도의 보혈로 깨끗하게 씻겨졌음을 믿습니다. 이제 우리를 온전히 다스리시고, 성령으로 충만케 하여 주시옵소서. 아멘!

♥ **감사**(5-8분) – 이제 기도 응답에 대하여 하나님께 감사기도를 드리겠습니다(이 시간에 간구는 하지 않습니다.).

자녀 이름:	자녀 이름:

♥ **중보**(30-40분) – (대화식 합심기도는 언제나 짧고 Short, 간단하게 Simple, 구체적으로 Specific 합니다.)

① 이제 우리 자녀를 위해 중보기도하겠습니다.

♡ 먼저 ○○를 위해 성구기도하겠습니다.

_____가 살아도 주를 위하여 살고 죽어도 주를 위하여 죽나니 그러므로 사나 죽으나 _____가 주의 것입니다(롬 14:8).

성구 확장 기도

♡ ○○를 위해 구체적인 기도를 하겠습니다.

자녀 이름:	자녀 이름:

② 학교 선생님을 위해 기도하겠습니다.

신자일 때: 그러므로 자기를 힘입어 하나님께 나아가는 _____ 선생님을 온전히 구원하실 수 있으니 이는 그가 항상 살아 계셔서 _____ 선생님을 위하여 간구하심이라(히 7:25).

불신자일 때: 하나님은 한 분이시요 또 하나님과 사람 사이에 중보자도 한 분이시니 곧 사람이신 그리스도 예수라 그가 모든 사람을 위하여 자기를 대속물로 주셨음을 _____ 선생님이 믿게 하소서(딤전 2:5-6).

구체적인 기도 제목: _____

③ 학교를 위해 기도하겠습니다. _____

④ 주일학교 선생님을 위해 기도하겠습니다. _____

⑤ 주일학교 주요 사안(주일학교 부서)을 위해 기도하겠습니다. _____

⑥ 기도하는 엄마들 사역을 위해 기도달력으로 기도하겠습니다(당월 기도달력을 홈페이지에서 다운받아 모일 때마다 한 주 분씩 기도해 주십시오. **www.mip.or.kr**).

♥ **마무리** – 오늘도 우리의 기도를 들으시는 하나님께 감사와 영광을 올려드리며 예수님의 이름으로 기도드립니다. 아멘!

♥ 모임 내에서 기도한 내용은 모임 안에 남아야 함을 잊지 마십시오!!

14주 ♥ 구유에 누인 예수

한국 기도하는 엄마들　　　　　　　　　　　　•날짜: 20____년 ____월 ____일 (____요일) ____시

♥ **찬양** (8-10분) – 이제 **구유에 누인 예수님**을 선포하고 **찬양하겠습니다**(하나님의 속성, 이름, 성품으로 하나님을 찬양하십시오. 이 시간은 기도 응답이나 기도 제목을 나누는 시간이 아닙니다. 찬양만 하십시오.).

예수님은 하늘과 땅의 권세를 가지신 하나님이십니다. 그런데 그분이 이 땅에 오셨을 때는 여관에도 있을 곳이 없어 냄새나고 초라한 마구간에서 태어나 말구유에 누우셨습니다. 전능하신 하나님께서는 황제나 권세자의 아들이 태어나는 편안하고 화려한 곳이 아니라 이 땅에서 가장 낮은 곳으로 오셨습니다. 그러한 예수님의 탄생 그 자체가 놀라운 은혜입니다. 그분은 가난과 고통과 갈등 그리고 상처와 질곡 속에서 헤매는 인생들에게 진정한 평화의 주시며, 온 백성에게 미칠 소망과 기쁨의 좋은 소식입니다.

눅 2:6-7　　거기 있을 그 때에 해산할 날이 차서 첫아들을 낳아 강보로 싸서 구유에 뉘었으니 이는 여관에 있을 곳이 없음이러라

눅 2:10-12　천사가 이르되 무서워하지 말라 보라 내가 온 백성에게 미칠 큰 기쁨의 좋은 소식을 너희에게 전하노라 오늘 다윗의 동네에 너희를 위하여 구주가 나셨으니 곧 그리스도 주시니라 너희가 가서 강보에 싸여 구유에 뉘어 있는 아기를 보리니 이것이 너희에게 표적이니라 하더니

눅 2:15b-17　목자가 서로 말하되 이제 베들레헴으로 가서 주께서 우리에게 알리신 바 이 이루어진 일을 보자 하고 빨리 가서 마리아와 요셉과 구유에 누인 아기를 찾아서 보고 천사가 자기들에게 이 아기에 대하여 말한 것을 전하니

빌 2:5　　　너희 안에 이 마음을 품으라 곧 그리스도 예수의 마음이니

빌 2:7-8　　오히려 자기를 비워 종의 형체를 가지사 사람들과 같이 되셨고 사람의 모양으로 나타나사 자기를 낮추시고 죽기까지 복종하셨으니 곧 십자가에 죽으심이라

♥ **고백** (2-3분) – 우리가 죄를 품고 있으면 하나님은 우리 기도를 듣지 않으십니다.
이 시간은 조용히 침묵하는 가운데 우리의 죄를 고백하는 기도를 하겠습니다. (2-3분 후)

만일 우리가 우리 죄를 자백하면 하나님께서는 신실하시고 의로우심으로 우리 죄를 용서하시고 모든 불의에서 우리를 깨끗케 하신다고 하신 말씀대로 우리의 죄가 그리스도의 보혈로 깨끗하게 씻겨졌음을 믿습니다. 이제 우리를 온전히 다스리시고, 성령으로 충만케 하여 주시옵소서. 아멘!

♥ **감사** (5-8분) – 이제 기도 응답에 대하여 하나님께 감사기도를 드리겠습니다(이 시간에 간구는 하지 않습니다.).

자녀 이름:	자녀 이름:

♥ **중보 (30-40분)** – (대화식 합심기도는 언제나 짧고 Short, 간단하게 Simple, 구체적으로 Specific 합니다.)

① 이제 우리 자녀를 위해 중보기도하겠습니다.

♡ 먼저 ○○를 위해 성구기도하겠습니다.

천사가 이르되 무서워하지 말라 보라 내가 온 백성에게 미칠 큰 기쁨의 좋은 소식을 _____에게 전하노라 오늘 다윗의 동네에 _____를 위하여 구주가 나셨으니 곧 그리스도 주시니라(눅 2:10-11).

성구 확장 기도

♡ ○○를 위해 구체적인 기도를 하겠습니다.

자녀 이름:	자녀 이름:

② 학교 선생님을 위해 기도하겠습니다.

신자일 때: 그러므로 자기를 힘입어 하나님께 나아가는 _____ 선생님을 온전히 구원하실 수 있으니 이는 그가 항상 살아 계셔서 _____ 선생님을 위하여 간구하심이라(히 7:25).

불신자일 때: 하나님은 한 분이시요 또 하나님과 사람 사이에 중보자도 한 분이시니 곧 사람이신 그리스도 예수라 그가 모든 사람을 위하여 자기를 대속물로 주셨음을 _____ 선생님이 믿게 하소서(딤전 2:5-6).

구체적인 기도 제목: _____

③ 학교를 위해 기도하겠습니다. _____

④ 주일학교 선생님을 위해 기도하겠습니다. _____

⑤ 주일학교 주요 사안(주일학교 부서)을 위해 기도하겠습니다. _____

⑥ 기도하는 엄마들 사역을 위해 기도달력으로 기도하겠습니다(당월 기도달력을 홈페이지에서 다운받아 모일 때마다 한 주 분씩 기도해 주십시오. www.mip.or.kr).

♥ **마무리** – 오늘도 우리의 기도를 들으시는 하나님께 감사와 영광을 올려드리며 예수님의 이름으로 기도드립니다. 아멘!

♥ 모임 내에서 기도한 내용은 모임 안에 남아야 함을 잊지 마십시오!!

15주 ♥ 푯대 예수 (스코포스)

한국 기도하는 엄마들   • 날짜: 20___년 ___월 ___일 (___요일) ___시

♥ **찬양** (8-10분) – 이제 푯대 예수 스코포스를 선포하고 찬양하겠습니다(하나님의 속성, 이름, 성품으로 하나님을 찬양하십시오. 이 시간은 기도 응답이나 기도 제목을 나누는 시간이 아닙니다. 찬양만 하십시오.).

'푯대'는 헬라어로 '스코포스'입니다. 이것은 마라톤 경주에서 최종 종착점에 박힌 깃발을 말합니다. 우리는 인생이 가야 할 목표, 하나님의 위대한 목표를 붙잡을 수 있어야 합니다. 우리에게는 하나님께서 주신 성령의 열매라는 위대한 목표가 있습니다. 성령의 열매가 우리의 인격 안에 알알이 맺히기까지 우리는 자라야 합니다. 예수님이 우리의 푯대이시기에 예수님의 인격을 닮는 것이 우리 인생의 가장 소중한 목표입니다. 모든 인생들의 푯대이신 스코포스 예수님을 찬양합니다.

빌 3:7–9a   그러나 무엇이든지 내게 유익하던 것을 내가 그리스도를 위하여 다 해로 여길뿐더러 또한 모든 것을 해로 여김은 내 주 그리스도 예수를 아는 지식이 가장 고상하기 때문이라 내가 그를 위하여 모든 것을 잃어버리고 배설물로 여김은 그리스도를 얻고 그 안에서 발견되려 함이니

빌 3:10–11   내가 그리스도와 그 부활의 권능과 그 고난에 참여함을 알고자 하여 그의 죽으심을 본받아 어떻게 해서든지 죽은 자 가운데서 부활에 이르려 하노니

빌 3:12   내가 이미 얻었다 함도 아니요 온전히 이루었다 함도 아니라 오직 내가 그리스도 예수께 잡힌 바 된 그것을 잡으려고 달려가노라

빌 3:13–14   형제들아 나는 아직 내가 잡은 줄로 여기지 아니하고 오직 한 일(But one thing I do) 즉 뒤에 있는 것은 잊어버리고 앞에 있는 것을 잡으려고 푯대를 향하여 그리스도 예수 안에서 하나님이 위에서 부르신 부름의 상을 위하여 달려가노라

갈 5:22–23   오직 성령의 열매는 사랑과 희락과 화평과 오래 참음과 자비와 양선과 충성과 온유와 절제니 이같은 것을 금지할 법이 없느니라

롬 15:5   이제 인내와 위로의 하나님이 너희로 그리스도 예수를 본받아 서로 뜻이 같게 하여 주사

♥ **고백** (2-3분) – 우리가 죄를 품고 있으면 하나님은 우리 기도를 듣지 않으십니다.
이 시간은 조용히 침묵하는 가운데 우리의 죄를 고백하는 기도를 하겠습니다. (2-3분 후)

만일 우리가 우리 죄를 자백하면 하나님께서는 신실하시고 의로우심으로 우리 죄를 용서하시고 모든 불의에서 우리를 깨끗게 하신다고 하신 말씀대로 우리의 죄가 그리스도의 보혈로 깨끗하게 씻겨졌음을 믿습니다. 이제 우리를 온전히 다스리시고, 성령으로 충만케 하여 주시옵소서. 아멘!

♥ **감사** (5-8분) – 이제 기도 응답에 대하여 하나님께 감사기도를 드리겠습니다(이 시간에 간구는 하지 않습니다.).

자녀 이름: 자녀 이름:

♥ **중보(30-40분)** – (대화식 합심기도는 언제나 짧고 Short, 간단하게 Simple, 구체적으로 Specific 합니다.)

① 이제 우리 자녀를 위해 중보기도하겠습니다.

♡ 먼저 ○○를 위해 성구기도하겠습니다.

그러나 무엇이든지 _____에게 유익하던 것을 _____가 그리스도를 위하여 다 해로 여기게 하소서. 모든 것을 해로 여김은 _____의 주 그리스도 예수를 아는 지식이 가장 고상하기 때문입니다(빌 3:7-8a).

성구 확장 기도

♡ ○○를 위해 구체적인 기도를 하겠습니다.

자녀 이름:	자녀 이름:

② 학교 선생님을 위해 기도하겠습니다.

신자일 때: 그러므로 자기를 힘입어 하나님께 나아가는 _____ 선생님을 온전히 구원하실 수 있으니 이는 그가 항상 살아 계셔서 _____ 선생님을 위하여 간구하심이라(히 7:25).

불신자일 때: 하나님은 한 분이시요 또 하나님과 사람 사이에 중보자도 한 분이시니 곧 사람이신 그리스도 예수라 그가 모든 사람을 위하여 자기를 대속물로 주셨음을 _____ 선생님이 믿게 하소서(딤전 2:5-6).

구체적인 기도 제목: _____

③ 학교를 위해 기도하겠습니다. _____

④ 주일학교 선생님을 위해 기도하겠습니다. _____

⑤ 주일학교 주요 사안(주일학교 부서)을 위해 기도하겠습니다. _____

⑥ 기도하는 엄마들 사역을 위해 기도달력으로 기도하겠습니다(당월 기도달력을 홈페이지에서 다운받아 모일 때마다 한 주 분씩 기도해 주십시오. www.mip.or.kr).

♥ **마무리** – 오늘도 우리의 기도를 들으시는 하나님께 감사와 영광을 올려드리며 예수님의 이름으로 기도드립니다. 아멘!

♥ 모임 내에서 기도한 내용은 모임 안에 남아야 함을 잊지 마십시오!!

16주 ♥ 창시자 예수 (아르케오스)

한국 기도하는 엄마들　　　　　　　　　　• 날짜: 20____년 ____월 ____일 (____요일) ____시

♥ **찬양** (8-10분) – 이제 **창시자 예수**를 선포하고 찬양하겠습니다(하나님의 속성, 이름, 성품으로 하나님을 찬양하십시오. 이 시간은 기도 응답이나 기도 제목을 나누는 시간이 아닙니다. 찬양만 하십시오.).

주님은 만물의 창조주이시며 구원의 창시자요 개척자이십니다. 여기서 '창시자'의 원어는 '아르케오스'(archeos, pioneer)인바, 선두에 서서 다른 사람이 따라오도록 앞서 가는 사람을 의미합니다. 이 단어는 신약에서 주(행 3:15; 히 12:2), 임금(행 5:31), 그리고 창시자(히 2:10)로 번역되었습니다. 주님은 십자가 위에서 우리를 위해 구원의 길과 천국의 문을 여셨습니다. 제자 양성을 시작하셨습니다. 구원의 방주인 교회를 지상에 개척하셨습니다. 그분은 믿음의 주 곧 믿음의 창시자이십니다.

요 1:2–3　　그가 태초에 하나님과 함께 계셨고 만물이 그로 말미암아 지은 바 되었으니 지은 것이 하나도 그가 없이는 된 것이 없느니라

행 3:15　　생명의 주(author of life)를 죽였도다 그러나 하나님이 죽은 자 가운데서 그를 살리셨으니 우리가 이 일에 증인이라

히 2:3–4　　우리가 이같이 큰 구원을 등한히 여기면 어찌 그 보응을 피하리요 이 구원은 처음에 주로 말씀하신 바요 들은 자들이 우리에게 확증한 바니 하나님도 표적들과 기사들과 여러 가지 능력과 및 자기의 뜻을 따라 성령이 나누어 주신 것으로써 그들과 함께 증언하셨느니라

히 2:10　　그러므로 만물이 그를 위하고 또한 그로 말미암은 이가 많은 아들들을 이끌어 영광에 들어가게 하시는 일에 그들의 구원의 창시자를 고난을 통하여 온전하게 하심이 합당하도다

히 12:2　　믿음의 주(pioneer… of faith)요 또 온전하게 하시는 이인 예수를 바라보자 그는 그 앞에 있는 기쁨을 위하여 십자가를 참으사 부끄러움을 개의치 아니하시더니 하나님 보좌 우편에 앉으셨느니라

♥ **고백** (2-3분) – 우리가 죄를 품고 있으면 하나님은 우리 기도를 듣지 않으십니다.
　　　　　　　이 시간은 조용히 침묵하는 가운데 우리의 죄를 고백하는 기도를 하겠습니다. (2–3분 후)

만일 우리가 우리 죄를 자백하면 하나님께서는 신실하시고 의로우심으로 우리 죄를 용서하시고 모든 불의에서 우리를 깨끗케 하신다고 하신 말씀대로 우리의 죄가 그리스도의 보혈로 깨끗하게 씻겨졌음을 믿습니다. 이제 우리를 온전히 다스리시고, 성령으로 충만케 하여 주시옵소서. 아멘!

♥ **감사** (5-8분) – 이제 기도 응답에 대하여 하나님께 감사기도를 드리겠습니다(이 시간에 간구는 하지 않습니다.).

자녀 이름:　　　　　　　　　　　　　　　자녀 이름:

_____

_____

_____

♥ **중보 (30-40분)** – (대화식 합심기도는 언제나 짧고 Short, 간단하게 Simple, 구체적으로 Specific 합니다.)

① 이제 우리 자녀를 위해 중보기도하겠습니다.

♡ 먼저 ○○를 위해 성구기도하겠습니다.

_____가 믿음의 주요 또 온전하게 하시는 이인 예수를 바라보게 하소서. 그 앞에 있는 기쁨을 위하여 십자가를 참으사 부끄러움을 개의치 아니하시고 하나님 보좌 우편에 앉으신 예수님을 기억하게 하소서(히 12:2).

성구 확장 기도

♡ ○○를 위해 구체적인 기도를 하겠습니다.

자녀 이름:	자녀 이름:

② 학교 선생님을 위해 기도하겠습니다.

신자일 때: 그러므로 자기를 힘입어 하나님께 나아가는 _____ 선생님을 온전히 구원하실 수 있으니 이는 그가 항상 살아 계셔서 _____ 선생님을 위하여 간구하심이라(히 7:25).

불신자일 때: 하나님은 한 분이시요 또 하나님과 사람 사이에 중보자도 한 분이시니 곧 사람이신 그리스도 예수라 그가 모든 사람을 위하여 자기를 대속물로 주셨음을 _____ 선생님이 믿게 하소서(딤전 2:5-6).

구체적인 기도 제목: _____

③ 학교를 위해 기도하겠습니다. _____

④ 주일학교 선생님을 위해 기도하겠습니다. _____

⑤ 주일학교 주요 사안(주일학교 부서)을 위해 기도하겠습니다. _____

⑥ 기도하는 엄마들 사역을 위해 기도달력으로 기도하겠습니다(당월 기도달력을 홈페이지에서 다운받아 모일 때마다 한 주 분씩 기도해 주십시오. www.mip.or.kr).

♥ **마무리** – 오늘도 우리의 기도를 들으시는 하나님께 감사와 영광을 올려드리며 예수님의 이름으로 기도드립니다. 아멘!

♥ 모임 내에서 기도한 내용은 모임 안에 남아야 함을 잊지 마십시오!!

기도하는 엄마들 **기도일지 ❹**

_____ 년 _____ 월 기도달력

♥ MEMO ♥

17주 ♥ 선한 목자 예수

한국 기도하는 엄마들 · 날짜: 20___년 ___월 ___일 (___요일) ___시

♥ **찬양**(8-10분) – 이제 선한 목자 예수를 선포하고 찬양하겠습니다(하나님의 속성, 이름, 성품으로 하나님을 찬양하십시오. 이 시간은 기도 응답이나 기도 제목을 나누는 시간이 아닙니다. 찬양만 하십시오.).

예수님은 선한 목자이십니다. 양은 근시안적이며 행동이 느립니다. 한번 풀을 뜯어 먹기 시작하면 풀뿌리까지 먹고 그다음엔 흙도 먹습니다. 근시안이라 멀리 내다보지 못합니다. 맹수의 공격 앞에 속수무책입니다. 선한 목자는 양떼를 푸른 초장으로 부지런히 안내하며 맹수의 공격을 온몸으로 방어합니다. 선한 목자는 양들을 위하여 목숨까지도 아끼지 않습니다. 예수님은 양인 우리를 살리시기 위해 목숨조차 버리고 죽으신 선한 목자이십니다. 우리를 위해 목숨을 버리신 선한 목자 예수님을 찬양합니다.

요 10:1-2	내가 진실로 진실로 너희에게 이르노니 문을 통하여 양의 우리에 들어가지 아니하고 다른 데로 넘어가는 자는 절도며 강도요 문으로 들어가는 이는 양의 목자라
요 10:3	문지기는 그를 위하여 문을 열고 양은 그의 음성을 듣나니 그가 자기 양의 이름을 각각 불러 인도하여 내느니라
요 10:4-5	자기 양을 다 내놓은 후에 앞서 가면 양들이 그의 음성을 아는 고로 따라오되 타인의 음성은 알지 못하는 고로 타인을 따르지 아니하고 도리어 도망하느니라
요 10:10-11	도둑이 오는 것은 도둑질하고 죽이고 멸망시키려는 것뿐이요 내가 온 것은 양으로 생명을 얻게 하고 더 풍성히 얻게 하려는 것이라 나는 선한 목자라 선한 목자는 양들을 위하여 목숨을 버리거니와
요 10:14-15	나는 선한 목자라 나는 내 양을 알고 양도 나를 아는 것이 아버지께서 나를 아시고 내가 아버지를 아는 것 같으니 나는 양을 위하여 목숨을 버리노라
요 10:16	또 이 우리에 들지 아니한 다른 양들이 내게 있어 내가 인도하여야 할 터이니 그들도 내 음성을 듣고 한 무리가 되어 한 목자에게 있으리라

♥ **고백**(2-3분) – 우리가 죄를 품고 있으면 하나님은 우리 기도를 듣지 않으십니다.
이 시간은 조용히 침묵하는 가운데 우리의 죄를 고백하는 기도를 하겠습니다. (2-3분 후)

만일 우리가 우리 죄를 자백하면 하나님께서는 신실하시고 의로우심으로 우리 죄를 용서하시고 모든 불의에서 우리를 깨끗케 하신다고 하신 말씀대로 우리의 죄가 그리스도의 보혈로 깨끗하게 씻겨졌음을 믿습니다. 이제 우리를 온전히 다스리시고, 성령으로 충만케 하여 주시옵소서. 아멘!

♥ **감사**(5-8분) – 이제 기도 응답에 대하여 하나님께 감사기도를 드리겠습니다(이 시간에 간구는 하지 않습니다.).

자녀 이름:	자녀 이름:

♥ **중보 (30-40분)** – (대화식 합심기도는 언제나 짧고 Short, 간단하게 Simple, 구체적으로 Specific 합니다.)

① 이제 우리 자녀를 위해 중보기도하겠습니다.

♡ 먼저 ○○를 위해 성구기도하겠습니다.

도둑이 오는 것은 도둑질하고 죽이고 멸망시키려는 것뿐이요 예수께서 오신 것은 _____로 생명을 얻게 하고 더 풍성히 얻게 하려는 것이라(요 10:10).

성구 확장 기도

♡ ○○를 위해 구체적인 기도를 하겠습니다.

자녀 이름:	자녀 이름:

② 학교 선생님을 위해 기도하겠습니다.

신자일 때: 그러므로 자기를 힘입어 하나님께 나아가는 _____ 선생님을 온전히 구원하실 수 있으니 이는 그가 항상 살아 계셔서 _____ 선생님을 위하여 간구하심이라(히 7:25).

불신자일 때: 하나님은 한 분이시요 또 하나님과 사람 사이에 중보자도 한 분이시니 곧 사람이신 그리스도 예수라 그가 모든 사람을 위하여 자기를 대속물로 주셨음을 _____ 선생님이 믿게 하소서(딤전 2:5-6).

구체적인 기도 제목: _____

③ 학교를 위해 기도하겠습니다. _____

④ 주일학교 선생님을 위해 기도하겠습니다. _____

⑤ 주일학교 주요 사안(주일학교 부서)을 위해 기도하겠습니다. _____

⑥ 기도하는 엄마들 사역을 위해 기도달력으로 기도하겠습니다(당월 기도달력을 홈페이지에서 다운받아 모일 때마다 한 주 분씩 기도해 주십시오. **www.mip.or.kr**).

♥ **마무리** – 오늘도 우리의 기도를 들으시는 하나님께 감사와 영광을 올려드리며 예수님의 이름으로 기도드립니다. 아멘!

♥ 모임 내에서 기도한 내용은 모임 안에 남아야 함을 잊지 마십시오!!

18주 ♥ 구세주 예수

한국 기도하는 엄마들　　　　　　　　　　　　　　• 날짜: 20___년 ___월 ___일 (___요일) ___시

♥ **찬양**(8-10분) – 이제 **구세주 예수**를 선포하고 **찬양하겠습니다**(하나님의 속성, 이름, 성품으로 하나님을 찬양하십시오. 이 시간은 기도 응답이나 기도 제목을 나누는 시간이 아닙니다. 찬양만 하십시오.).

예수님 외에 다른 이로서는 우리가 구원을 받을 수 없습니다. 하나님은 천하인간 중에 구원을 받을 만한 다른 이름을 우리에게 주신 일이 없습니다. 예수님만이 우리의 유일한 구세주이십니다. 예수님만이 죄 많은 인생들을 위해 십자가에 죽기까지 하심으로 모든 죄를 사하여 주신 분입니다. 예수님만이 영생의 유일한 길이요 진리요 생명이십니다. 구세주 예수님을 찬양합니다.

- **눅 1:46-48**　마리아가 이르되 내 영혼이 주를 찬양하며 내 마음이 하나님 내 구주(Savior)를 기뻐하였음은 그의 여종의 비천함을 돌보셨음이라 보라 이제 후로는 만세에 나를 복이 있다 일컬으리로다

- **눅 1:49-50**　능하신 이가 큰 일을 내게 행하셨으니 그 이름이 거룩하시며 긍휼하심이 두려워하는 자에게 대대로 이르는도다

- **요 14:6**　예수께서 이르시되 내가 곧 길이요 진리요 생명이니 나로 말미암지 않고는 아버지께로 올 자가 없느니라

- **행 4:12**　다른 이로써는 구원을 받을 수 없나니 천하 사람 중에 구원을 받을 만한 다른 이름을 우리에게 주신 일이 없음이라 하였더라

- **행 5:30-31**　너희가 나무에 달아 죽인 예수를 우리 조상의 하나님이 살리시고 이스라엘에게 회개함과 죄 사함을 주시려고 그를 오른손으로 높이사 임금과 구주(Savior)로 삼으셨느니라

- **눅 2:11**　오늘 다윗의 동네에 너희를 위하여 구주가 나셨으니 곧 그리스도 주시니라

♥ **고백**(2-3분) – 우리가 죄를 품고 있으면 하나님은 우리 기도를 듣지 않으십니다.
　　　　　　　　이 시간은 조용히 침묵하는 가운데 우리의 죄를 고백하는 기도를 하겠습니다. (2-3분 후)
　　　　　　　　만일 우리가 우리 죄를 자백하면 하나님께서는 신실하시고 의로우심으로 우리 죄를 용서하시고 모든 불의에서 우리를 깨끗케 하신다고 하신 말씀대로 우리의 죄가 그리스도의 보혈로 깨끗하게 씻겨졌음을 믿습니다. 이제 우리를 온전히 다스리시고, 성령으로 충만케 하여 주시옵소서. 아멘!

♥ **감사**(5-8분) – 이제 기도 응답에 대하여 하나님께 감사기도를 드리겠습니다(이 시간에 간구는 하지 않습니다.).

자녀 이름:　　　　　　　　　　　　　　　자녀 이름:

_____

_____

_____

_____

♥ **중보 (30-40분)** – (대화식 합심기도는 언제나 짧고 Short, 간단하게 Simple, 구체적으로 Specific 합니다.)

① 이제 우리 자녀를 위해 중보기도하겠습니다.

♡ 먼저 ○○를 위해 성구기도하겠습니다.

다른 이로써는 구원을 받을 수 없나니 천하 사람 중에 구원을 받을 만한 다른 이름을 _____에게 주신 일이 없습니다(행 4:12).

성구 확장 기도

♡ ○○를 위해 구체적인 기도를 하겠습니다.

자녀 이름:	자녀 이름:

② 학교 선생님을 위해 기도하겠습니다.

신자일 때: 그러므로 자기를 힘입어 하나님께 나아가는 _____ 선생님을 온전히 구원하실 수 있으니 이는 그가 항상 살아 계셔서 _____ 선생님을 위하여 간구하심이라(히 7:25).

불신자일 때: 하나님은 한 분이시요 또 하나님과 사람 사이에 중보자도 한 분이시니 곧 사람이신 그리스도 예수라 그가 모든 사람을 위하여 자기를 대속물로 주셨음을 _____ 선생님이 믿게 하소서(딤전 2:5-6).

구체적인 기도 제목: _____

③ 학교를 위해 기도하겠습니다. _____

④ 주일학교 선생님을 위해 기도하겠습니다. _____

⑤ 주일학교 주요 사안(주일학교 부서)을 위해 기도하겠습니다. _____

⑥ 기도하는 엄마들 사역을 위해 기도달력으로 기도하겠습니다(당월 기도달력을 홈페이지에서 다운받아 모일 때마다 한 주 분씩 기도해 주십시오. www.mip.or.kr).

♥ **마무리** – 오늘도 우리의 기도를 들으시는 하나님께 감사와 영광을 올려드리며 예수님의 이름으로 기도드립니다. 아멘!

♥ 모임 내에서 기도한 내용은 모임 안에 남아야 함을 잊지 마십시오!!

19주 ♥ 기묘자 모사 예수(Wonderful Counselor)

한국 기도하는 엄마들

• 날짜: 20____년____월____일(____요일)____시

♥ **찬양**(8-10분) - 이제 **기묘자 모사 예수를 선포하고 찬양하겠습니다**(하나님의 속성, 이름, 성품으로 하나님을 찬양하십시오. 이 시간은 기도 응답이나 기도 제목을 나누는 시간이 아닙니다. 찬양만 하십시오.).

예수님께서 이루신 경이로운 일들은 우리의 전인격을 사로잡을 만한 최상의 가치를 지닌 놀라운 사역이었습니다. 창조주 하나님께서 피조물인 인간이 되신 성육신도 놀랍고, 하나님의 원수였던 우리를 위해 십자가에서 죽으심도 놀랍고, 죽음을 이기시고 부활하심도 놀랍습니다. 예수님의 생애 전체가 경이로움이요 놀라움입니다. 전능자 하나님이 그 권세를 내려놓으시고 온 인류의 죄를 지고 십자가에서 죽으심이 놀라운 기적입니다. 죽음을 이기시고 부활하셔서 믿는 모든 백성에게 천국의 길을 여심이 참으로 기묘합니다. 기묘자 모사이신 예수님을 찬양합니다.

사 9:6	이는 한 아기가 우리에게 났고 한 아들을 우리에게 주신 바 되었는데 그의 어깨에는 정사를 메었고 그의 이름은 기묘자라, 모사라(Wonderful Counselor), 전능하신 하나님이라, 영존하시는 아버지라, 평강의 왕이라 할 것임이라
눅 4:22	그들이 다 그를 증언하고 그 입으로 나오는 바 은혜로운 말을 놀랍게 여겨 이르되 이 사람이 요셉의 아들이 아니냐
요 2:18-19	이에 유대인들이 대답하여 예수께 말하기를 네가 이런 일을 행하니 무슨 표적을 우리에게 보이겠느냐 예수께서 대답하여 이르시되 너희가 이 성전을 헐라 내가 사흘 동안에 일으키리라
막 4:39	예수께서 깨어 바람을 꾸짖으시며 바다더러 이르시되 잠잠하라 고요하라 하시니 바람이 그치고 아주 잔잔하여지더라
막 6:2	안식일이 되어 회당에서 가르치시니 많은 사람이 듣고 놀라 이르되 이 사람이 어디서 이런 것을 얻었느냐 이 사람이 받은 지혜와 그 손으로 이루어지는 이런 권능이 어찌됨이냐

♥ **고백**(2-3분) - 우리가 죄를 품고 있으면 하나님은 우리 기도를 듣지 않으십니다.
이 시간은 조용히 침묵하는 가운데 우리의 죄를 고백하는 기도를 하겠습니다. (2-3분 후)
만일 우리가 우리 죄를 자백하면 하나님께서는 신실하시고 의로우심으로 우리 죄를 용서하시고 모든 불의에서 우리를 깨끗케 하신다고 하신 말씀대로 우리의 죄가 그리스도의 보혈로 깨끗하게 씻겨졌음을 믿습니다. 이제 우리를 온전히 다스리시고, 성령으로 충만케 하여 주시옵소서. 아멘!

♥ **감사**(5-8분) - 이제 기도 응답에 대하여 하나님께 감사기도를 드리겠습니다(이 시간에 간구는 하지 않습니다.).

자녀 이름: 자녀 이름:

_____   _____

_____   _____

_____   _____

_____   _____

♥ **중보 (30-40분)** – (대화식 합심기도는 언제나 짧고 Short, 간단하게 Simple, 구체적으로 Specific 합니다.)

① 이제 우리 자녀를 위해 중보기도하겠습니다.

♡ 먼저 ○○를 위해 성구기도하겠습니다.

예수께서 깨어 바람을 꾸짖으시며 바다더러 이르시되 잠잠하라 고요하라 하시니 바람이 그치고 아주 잔잔하여졌음을 _____가 믿게 하소서(막 4:39).

성구 확장 기도

♡ ○○를 위해 구체적인 기도를 하겠습니다.

자녀 이름:	자녀 이름:

② 학교 선생님을 위해 기도하겠습니다.

신자일 때: 그러므로 자기를 힘입어 하나님께 나아가는 _____ 선생님을 온전히 구원하실 수 있으니 이는 그가 항상 살아 계셔서 _____ 선생님을 위하여 간구하심이라(히 7:25).

불신자일 때: 하나님은 한 분이시요 또 하나님과 사람 사이에 중보자도 한 분이시니 곧 사람이신 그리스도 예수라 그가 모든 사람을 위하여 자기를 대속물로 주셨음을 _____ 선생님이 믿게 하소서(딤전 2:5-6).

구체적인 기도 제목: _____

③ 학교를 위해 기도하겠습니다. _____

④ 주일학교 선생님을 위해 기도하겠습니다. _____

⑤ 주일학교 주요 사안(주일학교 부서)을 위해 기도하겠습니다. _____

⑥ 기도하는 엄마들 사역을 위해 기도달력으로 기도하겠습니다(당월 기도달력을 홈페이지에서 다운받아 모일 때마다 한 주 분씩 기도해 주십시오. www.mip.or.kr).

♥ **마무리** – 오늘도 우리의 기도를 들으시는 하나님께 감사와 영광을 올려드리며 예수님의 이름으로 기도드립니다. 아멘!

♥ 모임 내에서 기도한 내용은 모임 안에 남아야 함을 잊지 마십시오!!

20주 ♥ 평강의 왕 예수

한국 기도하는 엄마들 •날짜: 20____년 ____월 ____일 (____요일) ____시

♥ **찬양**(8-10분) – 이제 **평강의 왕 예수를 선포하고 찬양하겠습니다**(하나님의 속성, 이름, 성품으로 하나님을 찬양하십시오. 이 시간은 기도 응답이나 기도 제목을 나누는 시간이 아닙니다. 찬양만 하십시오.).

예수님은 평강의 왕이십니다. 평강은 인류가 염원해온 세계이며 개인적으로나 가정적으로나 사회적으로 전쟁과 갈등이 없는 평화의 상태입니다. 예수님은 평강을 보장하시는 왕입니다. 예수님은 평화의 사람이셨습니다. 갈릴리 바다에서 폭풍우로 두려워 떨는 제자들에게 평화를 주셨습니다. '누가 더 크냐'로 갈등하던 제자들의 발을 친히 씻겨 주심으로 제자들에게 평강을 선물로 주셨습니다. 십자가에서 죽으심으로 하나님과 원수됨을 청산하고 하나님과의 평화를 선물로 주셨습니다. 이 시간 모든 미움과 갈등의 종결자이신 평강의 왕 예수님을 찬양합니다.

사 9:6	이는 한 아기가 우리에게 났고 한 아들을 우리에게 주신 바 되었는데 그의 어깨에는 정사를 메었고 그의 이름은 기묘자라, 모사라, 전능하신 하나님이라, 영존하시는 아버지라, 평강의 왕(Prince of Peace)이라 할 것임이라
사 53:5	그가 찔림은 우리의 허물 때문이요 그가 상함은 우리의 죄악 때문이라 그가 징계를 받으므로 우리는 평화를 누리고 그가 채찍에 맞으므로 우리는 나음을 받았도다
요 14:27	평안을 너희에게 끼치노니 곧 나의 평안을 너희에게 주노라 내가 너희에게 주는 것은 세상이 주는 것과 같지 아니하니라 너희는 마음에 근심하지도 말고 두려워하지도 말라
롬 5:1-2	그러므로 우리가 믿음으로 의롭다 하심을 받았으니 우리 주 예수 그리스도로 말미암아 하나님과 화평을 누리자 또한 그로 말미암아 우리가 믿음으로 서 있는 이 은혜에 들어감을 얻었으며 하나님의 영광을 바라고 즐거워하느니라
골 1:20	그의 십자가의 피로 화평을 이루사 만물 곧 땅에 있는 것들이나 하늘에 있는 것들이 그로 말미암아 자기와 화목하게 되기를 기뻐하심이라

♥ **고백**(2-3분) – 우리가 죄를 품고 있으면 하나님은 우리 기도를 듣지 않으십니다.
이 시간은 조용히 침묵하는 가운데 우리의 죄를 고백하는 기도를 하겠습니다. (2-3분 후)

만일 우리가 우리 죄를 자백하면 하나님께서는 신실하시고 의로우심으로 우리 죄를 용서하시고 모든 불의에서 우리를 깨끗케 하신다고 하신 말씀대로 우리의 죄가 그리스도의 보혈로 깨끗하게 씻겨졌음을 믿습니다. 이제 우리를 온전히 다스리시고, 성령으로 충만케 하여 주시옵소서. 아멘!

♥ **감사**(5-8분) – 이제 기도 응답에 대하여 하나님께 감사기도를 드리겠습니다(이 시간에 간구는 하지 않습니다.).

자녀 이름:	자녀 이름:

♥ **중보 (30-40분)** – (대화식 합심기도는 언제나 짧고 Short, 간단하게 Simple, 구체적으로 Specific 합니다.)

① 이제 우리 자녀를 위해 중보기도하겠습니다.

   ♡ 먼저 ○○를 위해 성구기도하겠습니다.

   평안을 _____에게 끼치노니 곧 나의 평안을 _____에게 주노라 내가 _____에게 주는 것은 세상이 주는 것과 같지 아니하니라 _____는 마음에 근심하지도 말고 두려워하지도 말라 하소서(요 14:27).

   성구 확장 기도

   ♡ ○○를 위해 구체적인 기도를 하겠습니다.

자녀 이름:	자녀 이름:

② 학교 선생님을 위해 기도하겠습니다.

   신자일 때: 그러므로 자기를 힘입어 하나님께 나아가는 _____ 선생님을 온전히 구원하실 수 있으니 이는 그가 항상 살아 계셔서 _____ 선생님을 위하여 간구하심이라(히 7:25).

   불신자일 때: 하나님은 한 분이시요 또 하나님과 사람 사이에 중보자도 한 분이시니 곧 사람이신 그리스도 예수라 그가 모든 사람을 위하여 자기를 대속물로 주셨음을 _____ 선생님이 믿게 하소서(딤전 2:5-6).

   구체적인 기도 제목: _____

③ 학교를 위해 기도하겠습니다. _____

④ 주일학교 선생님을 위해 기도하겠습니다. _____

⑤ 주일학교 주요 사안(주일학교 부서)을 위해 기도하겠습니다. _____

⑥ 기도하는 엄마들 사역을 위해 기도달력으로 기도하겠습니다(당월 기도달력을 홈페이지에서 다운받아 모일 때마다 한 주 분씩 기도해 주십시오. www.mip.or.kr).

♥ **마무리** – 오늘도 우리의 기도를 들으시는 하나님께 감사와 영광을 올려드리며 예수님의 이름으로 기도드립니다. 아멘!

♥ 모임 내에서 기도한 내용은 모임 안에 남아야 함을 잊지 마십시오!!

기도하는 엄마들 **기도일지 ④**

_____ 년 _____ 월 기도달력

♥ MEMO ♥

21주 ♥ 교회의 머리 예수

한국 기도하는 엄마들　　　　　　　　　　• 날짜: 20___년 ___월 ___일 (___요일) ___시

♥ **찬양 (8-10분)** – 이제 **교회의 머리 예수**를 선포하고 찬양하겠습니다(하나님의 속성, 이름, 성품으로 하나님을 찬양하십시오. 이 시간은 기도 응답이나 기도 제목을 나누는 시간이 아닙니다. 찬양만 하십시오.).

교회는 그리스도의 몸입니다. 그리스도는 교회의 머리이십니다. 그러므로 지상의 모든 성도와 모든 교회는 그리스도의 소유이며 그리스도께 한 몸으로 연합되어 있습니다. 그리스도는 교회의 머리로서 지상의 교회지도자들에게 사역의 방향과 내용을 위임하셨습니다. 그리스도가 교회의 머리이심을 인정할 때 교회는 질서가 잡히고 평화를 누리며 잘 성장합니다.

- 엡 12:22-23　또 만물을 그의 발아래에 복종하게 하시고 그를 만물 위에 교회의 머리로 삼으셨느니라 교회는 그의 몸이니 만물 안에서 만물을 충만하게 하시는 이의 충만함이니라

- 고전 12:27-28　너희는 그리스도의 몸이요 지체의 각 부분이라 하나님이 교회 중에 몇을 세우셨으니 첫째는 사도요 둘째는 선지자요 셋째는 교사요 그 다음은 능력을 행하는 자요 그 다음은 병 고치는 은사와 서로 돕는 것과 다스리는 것과 각종 방언을 말하는 것이라

- 엡 4:15-16　오직 사랑 안에서 참된 것을 하여 범사에 그에게까지 자랄지라 그는 머리니 곧 그리스도라 그에게서 온 몸이 각 마디를 통하여 도움을 받음으로 연결되고 결합되어 각 지체의 분량대로 역사하여 그 몸을 자라게 하며 사랑 안에서 스스로 세우느니라

- 골 1:18　그는 몸인 교회의 머리시라 그가 근본이시요 죽은 자들 가운데서 먼저 나신 이시니 이는 친히 만물의 으뜸이 되려 하심이요

- 고전 3:11　이 닦아 둔 것 외에 능히 다른 터를 닦아 둘 자가 없으니 이 터는 곧 예수 그리스도라

♥ **고백 (2-3분)** – 우리가 죄를 품고 있으면 하나님은 우리 기도를 듣지 않으십니다.
이 시간은 조용히 침묵하는 가운데 우리의 죄를 고백하는 기도를 하겠습니다. (2-3분 후)
만일 우리가 우리 죄를 자백하면 하나님께서는 신실하시고 의로우심으로 우리 죄를 용서하시고 모든 불의에서 우리를 깨끗케 하신다고 하신 말씀대로 우리의 죄가 그리스도의 보혈로 깨끗하게 씻겨졌음을 믿습니다. 이제 우리를 온전히 다스리시고, 성령으로 충만케 하여 주시옵소서. 아멘!

♥ **감사 (5-8분)** – 이제 기도 응답에 대하여 하나님께 감사기도를 드리겠습니다(이 시간에 간구는 하지 않습니다.).

자녀 이름:	자녀 이름:

♥ **중보 (30-40분)** – (대화식 합심기도는 언제나 짧고 Short, 간단하게 Simple, 구체적으로 Specific 합니다.)

① 이제 우리 자녀를 위해 중보기도하겠습니다.

♡ 먼저 ○○를 위해 성구기도하겠습니다.

_____가 오직 사랑 안에서 참된 것을 하여 범사에 그리스도에게까지 자라게 하소서. 그는 머리니 곧 그리스도라(엡 4:15).

성구 확장 기도

♡ ○○를 위해 구체적인 기도를 하겠습니다.

자녀 이름:	자녀 이름:

② 학교 선생님을 위해 기도하겠습니다.

신자일 때: 그러므로 자기를 힘입어 하나님께 나아가는 _____ 선생님을 온전히 구원하실 수 있으니 이는 그가 항상 살아 계셔서 _____ 선생님을 위하여 간구하심이라(히 7:25).

불신자일 때: 하나님은 한 분이시요 또 하나님과 사람 사이에 중보자도 한 분이시니 곧 사람이신 그리스도 예수라 그가 모든 사람을 위하여 자기를 대속물로 주셨음을 _____ 선생님이 믿게 하소서(딤전 2:5-6).

구체적인 기도 제목: _____

③ 학교를 위해 기도하겠습니다. _____

④ 주일학교 선생님을 위해 기도하겠습니다. _____

⑤ 주일학교 주요 사안(주일학교 부서)을 위해 기도하겠습니다. _____

⑥ 기도하는 엄마들 사역을 위해 기도달력으로 기도하겠습니다(당월 기도달력을 홈페이지에서 다운받아 모일 때마다 한 주 분씩 기도해 주십시오. www.mip.or.kr).

♥ **마무리** – 오늘도 우리의 기도를 들으시는 하나님께 감사와 영광을 올려드리며 예수님의 이름으로 기도드립니다. 아멘!

♥ 모임 내에서 기도한 내용은 모임 안에 남아야 함을 잊지 마십시오!!

22주 ♥ 하나님의 종 예수 (둘로스)

한국 기도하는 엄마들 • 날짜: 20____년 ____월 ____일 (____요일) ____시

♥ **찬양 (8-10분)** – 이제 **하나님의 종 예수를 선포하고 찬양하겠습니다** (하나님의 속성, 이름, 성품으로 하나님을 찬양하십시오. 이 시간은 기도 응답이나 기도 제목을 나누는 시간이 아닙니다. 찬양만 하십시오.).

예수님은 태초에 천지를 창조하셨습니다. 하지만 이 땅에 오실 때는 하나님과 동등됨을 취할 것으로 여기지 아니하시고 자기를 비워 종의 형체를 가지사 사람들과 같이 되셨습니다. 하나님 아버지께 철저히 순종하는 종으로 사셨고 백성들을 영혼 깊이 사랑하시고 섬기시는 종으로 사셨습니다. 예수님은 천지만물과 인생들의 주인이셨지만 종으로 사셨습니다. 예수님은 창조주요 조물주이셨지만 제자들을 종으로 대하지 아니하시고 친구라 하셨습니다. 하나님 아버지께는 물론 사람들의 종으로 섬기신 둘로스 예수님을 찬양합니다.

눅 22:27	앉아서 먹는 자가 크냐 섬기는 자가 크냐 앉아서 먹는 자가 아니냐 그러나 나는 섬기는 자로 너희 중에 있노라
눅 22:42	이르시되 아버지여 만일 아버지의 뜻이거든 이 잔을 내게서 옮기시옵소서 그러나 내 원대로 마시옵고 아버지의 원대로 되기를 원하나이다 하시니
빌 2:5-8	너희 안에 이 마음을 품으라 곧 그리스도 예수의 마음이니 그는 근본 하나님의 본체시나 하나님과 동등됨을 취할 것으로 여기지 아니하시고 오히려 자기를 비워 종의 형체를 가지사 사람들과 같이 되셨고 사람의 모양으로 나타나사 자기를 낮추시고 죽기까지 복종하셨으니 곧 십자가에 죽으심이라
빌 2:9-11	이러므로 하나님이 그를 지극히 높여 모든 이름 위에 뛰어난 이름을 주사 하늘에 있는 자들과 땅에 있는 자들과 땅 아래에 있는 자들로 모든 무릎을 예수의 이름에 꿇게 하시고 모든 입으로 예수 그리스도를 주라 시인하여 하나님 아버지께 영광을 돌리게 하셨느니라
막 10:45	인자가 온 것은 섬김을 받으려 함이 아니라 도리어 섬기려 하고 자기 목숨을 많은 사람의 대속물로 주려 함이니라

♥ **고백 (2-3분)** – 우리가 죄를 품고 있으면 하나님은 우리 기도를 듣지 않으십니다. 이 시간은 조용히 침묵하는 가운데 우리의 죄를 고백하는 기도를 하겠습니다. (2-3분 후)

만일 우리가 우리 죄를 자백하면 하나님께서는 신실하시고 의로우심으로 우리 죄를 용서하시고 모든 불의에서 우리를 깨끗케 하신다고 하신 말씀대로 우리의 죄가 그리스도의 보혈로 깨끗하게 씻겨졌음을 믿습니다. 이제 우리를 온전히 다스리시고, 성령으로 충만케 하여 주시옵소서. 아멘!

♥ **감사 (5-8분)** – 이제 기도 응답에 대하여 하나님께 감사기도를 드리겠습니다 (이 시간에 간구는 하지 않습니다.).

자녀 이름:	자녀 이름:

♥ **중보 (30-40분)** – (대화식 합심기도는 언제나 짧고 Short, 간단하게 Simple, 구체적으로 Specific 합니다.)

① 이제 우리 자녀를 위해 중보기도하겠습니다.

♡ 먼저 ○○를 위해 성구기도하겠습니다.

이르시되 아버지여 만일 아버지의 뜻이거든 이 잔을 내게서 옮기시옵소서 그러나 내 원대로 마시옵고 아버지의 원대로 되기를 원하나이다 하신 주를 _____가 본받게 하소서(눅 22:42).

성구 확장 기도

♡ ○○를 위해 구체적인 기도를 하겠습니다.

자녀 이름:	자녀 이름:

② 학교 선생님을 위해 기도하겠습니다.

신자일 때: 그러므로 자기를 힘입어 하나님께 나아가는 _____ 선생님을 온전히 구원하실 수 있으니 이는 그가 항상 살아 계셔서 _____ 선생님을 위하여 간구하심이라(히 7:25).

불신자일 때: 하나님은 한 분이시요 또 하나님과 사람 사이에 중보자도 한 분이시니 곧 사람이신 그리스도 예수라 그가 모든 사람을 위하여 자기를 대속물로 주셨음을 _____ 선생님이 믿게 하소서(딤전 2:5-6).

구체적인 기도 제목: _____

③ 학교를 위해 기도하겠습니다. _____

④ 주일학교 선생님을 위해 기도하겠습니다. _____

⑤ 주일학교 주요 사안(주일학교 부서)을 위해 기도하겠습니다. _____

⑥ 기도하는 엄마들 사역을 위해 기도달력으로 기도하겠습니다(당월 기도달력을 홈페이지에서 다운받아 모일 때마다 한 주 분씩 기도해 주십시오. www.mip.or.kr).

♥ **마무리** – 오늘도 우리의 기도를 들으시는 하나님께 감사와 영광을 올려드리며 예수님의 이름으로 기도드립니다. 아멘!

♥ 모임 내에서 기도한 내용은 모임 안에 남아야 함을 잊지 마십시오!!

23주 ♥ 부활의 주 예수

한국 기도하는 엄마들　　　　　　　　　　　　•날짜: 20____년 ___월 ___일 (___요일) ___시

♥ **찬양**(8-10분) – 이제 **부활의 주 예수**를 선포하고 찬양하겠습니다(하나님의 속성, 이름, 성품으로 하나님을 찬양하십시오. 이 시간은 기도 응답이나 기도 제목을 나누는 시간이 아닙니다. 찬양만 하십시오.).

예수님께서 죽으심으로 그 생애가 비참하게 끝난 것이 아니었습니다. 예수님은 모든 인생의 원수인 사망권세를 이기시고 부활하셨습니다. 부활하심으로 죽음을 멸하셨고, 부활하심으로 자기를 믿는 모든 백성에게 영생을 선물하셨습니다. 지상에서 예수를 구주로 고백하는 모든 사람이 부활의 첫 열매 되신 예수님을 따라서 부활의 영광을 맛보게 될 것입니다. 예수님께서 이 땅에 오시지 않으셨다면 우리는 죄와 죽음에 갇혀서 영원토록 신음할 수밖에 없었습니다. 부활의 주를 믿을 때 우리도 따라서 부활할 것입니다. 부활의 주 예수님이 우리의 참소망입니다.

고전 15:12　그리스도께서 죽은 자 가운데서 다시 살아나셨다 전파되었거늘 너희 중에서 어떤 사람들은 어찌하여 죽은 자 가운데서 부활이 없다 하느냐

막 16:6　청년이 이르되 놀라지 말라 너희가 십자가에 못 박히신 나사렛 예수를 찾는구나 그가 살아나셨고 여기 계시지 아니하니라 보라 그를 두었던 곳이니라

막 16:9-11　예수께서 안식 후 첫날 이른 아침에 살아나신 후 전에 일곱 귀신을 쫓아내어 주신 막달라 마리아에게 먼저 보이시니 마리아가 가서 예수와 함께 하던 사람들이 슬퍼하며 울고 있는 중에 이 일을 알리매 그들은 예수께서 살아나셨다는 것과 마리아에게 보이셨다는 것을 듣고도 믿지 아니하니라

막 16:14　그 후에 열한 제자가 음식 먹을 때에 예수께서 그들에게 나타나사 그들의 믿음 없는 것과 마음이 완악한 것을 꾸짖으시니 이는 자기가 살아난 것을 본 자들의 말을 믿지 아니함일러라

행 5:30-31　너희가 나무에 달아 죽인 예수를 우리 조상의 하나님이 살리시고 이스라엘에게 회개함과 죄 사함을 주시려고 그를 오른손으로 높이사 임금과 구주로 삼으셨느니라

♥ **고백** (2-3분) – 우리가 죄를 품고 있으면 하나님은 우리 기도를 듣지 않으십니다.
　　　　　　　　이 시간은 조용히 침묵하는 가운데 우리의 죄를 고백하는 기도를 하겠습니다. (2-3분 후)
　　　　　　　　만일 우리가 우리 죄를 자백하면 하나님께서는 신실하시고 의로우심으로 우리 죄를 용서하시고 모든 불의에서 우리를 깨끗케 하신다고 하신 말씀대로 우리의 죄가 그리스도의 보혈로 깨끗하게 씻겨졌음을 믿습니다. 이제 우리를 온전히 다스리시고, 성령으로 충만케 하여 주시옵소서. 아멘!

♥ **감사** (5-8분) – 이제 기도 응답에 대하여 하나님께 감사기도를 드리겠습니다(이 시간에 간구는 하지 않습니다.).

자녀 이름:	자녀 이름:

♥ **중보 (30-40분)** – (대화식 합심기도는 언제나 짧고 Short, 간단하게 Simple, 구체적으로 Specific 합니다.)

① **이제 우리 자녀를 위해 중보기도하겠습니다.**

♡ **먼저 ○○를 위해 성구기도하겠습니다.**

그리스도께서 죽은 자 가운데서 다시 살아나셨다 전파된 복음을 _____가 믿게 하소서. 또한 죽은 자 가운데서 부활을 소망하게 하소서(고전 15:12).

성구 확장 기도

♡ **○○를 위해 구체적인 기도를 하겠습니다.**

자녀 이름:	자녀 이름:

② **학교 선생님을 위해 기도하겠습니다.**

신자일 때: 그러므로 자기를 힘입어 하나님께 나아가는 _____ 선생님을 온전히 구원하실 수 있으니 이는 그가 항상 살아 계셔서 _____ 선생님을 위하여 간구하심이라(히 7:25).

불신자일 때: 하나님은 한 분이시요 또 하나님과 사람 사이에 중보자도 한 분이시니 곧 사람이신 그리스도 예수라 그가 모든 사람을 위하여 자기를 대속물로 주셨음을 _____ 선생님이 믿게 하소서(딤전 2:5-6).

구체적인 기도 제목: _____

③ **학교를 위해 기도하겠습니다.** _____

④ **주일학교 선생님을 위해 기도하겠습니다.** _____

⑤ **주일학교 주요 사안(주일학교 부서)을 위해 기도하겠습니다.** _____

⑥ **기도하는 엄마들 사역을 위해 기도달력으로 기도하겠습니다**(당월 기도달력을 홈페이지에서 다운받아 모일 때마다 한 주 분씩 기도해 주십시오. www.mip.or.kr).

♥ **마무리** – 오늘도 우리의 기도를 들으시는 하나님께 감사와 영광을 올려드리며 예수님의 이름으로 기도드립니다. 아멘!

♥ 모임 내에서 기도한 내용은 모임 안에 남아야 함을 잊지 마십시오!!

24주 ♥ 심판주 예수

한국 기도하는 엄마들   • 날짜: 20___년 ___월 ___일 (___요일) ___시

♥ **찬양** (8-10분) – 이제 심판주 예수를 선포하고 찬양하겠습니다(하나님의 속성, 이름, 성품으로 하나님을 찬양하십시오. 이 시간은 기도 응답이나 기도 제목을 나누는 시간이 아닙니다. 찬양만 하십시오.).

예수님은 믿는 백성들을 끝까지 돌보시는 책임 있는 사랑의 주님이십니다. 동시에 불의한 이들과 믿지 아니한 자들을 심판하시는 심판의 주님이십니다. 예수님은 사망과 음부의 열쇠를 가지신 분이십니다. 예수님은 초대 교회 시절 존재했던 소아시아반도의 일곱 교회를 향해 칭찬도 하셨고 책망도 하셨습니다. 환난과 궁핍 속에서 하나님께 충성했던 서머나 교회와 인내의 말씀을 지킨 빌라델비아 교회를 칭찬하셨고, 살았으나 죽은 자와 방불했던 사데 교회와 미지근한 신앙생활을 한 라오디게아 교회 그리고 첫사랑을 상실한 에베소 교회를 책망하셨습니다. 예수님은 심판주이십니다.

벧전 5:3-4   맡은 자들에게 주장하는 자세를 하지 말고 양 무리의 본이 되라 그리하면 목자장이 나타나실 때에 시들지 아니하는 영광의 관을 얻으리라

계 1:17b-19   두려워하지 말라 나는 처음이요 마지막이니 곧 살아 있는 자라 내가 전에 죽었었노라 볼지어다 이제 세세토록 살아 있어 사망과 음부의 열쇠를 가졌노니 그러므로 네가 본 것과 지금 있는 일과 장차 될 일을 기록하라

계 22:12   보라 내가 속히 오리니 내가 줄 상이 내게 있어 각 사람에게 그가 행한 대로 갚아 주리라

계 16:5   내가 들으니 물을 차지한 천사가 이르되 전에도 계셨고 지금도 계신 거룩하신 이여 이렇게 심판하시니 의로우시도다

히 10:30   원수 갚는 것이 내게 있으니 내가 갚으리라 하시고 또 다시 주께서 그의 백성을 심판하리라 말씀하신 것을 우리가 아노니

요 9:39   예수께서 이르시되 내가 심판하러 이 세상에 왔으니 보지 못하는 자들은 보게 하고 보는 자들은 맹인이 되게 하려 함이라 하시니

♥ **고백** (2-3분) – 우리가 죄를 품고 있으면 하나님은 우리 기도를 듣지 않으십니다.
이 시간은 조용히 침묵하는 가운데 우리의 죄를 고백하는 기도를 하겠습니다. (2-3분 후)
만일 우리가 우리 죄를 자백하면 하나님께서는 신실하시고 의로우심으로 우리 죄를 용서하시고 모든 불의에서 우리를 깨끗케 하신다고 하신 말씀대로 우리의 죄가 그리스도의 보혈로 깨끗하게 씻겨졌음을 믿습니다. 이제 우리를 온전히 다스리시고, 성령으로 충만케 하여 주시옵소서. 아멘!

♥ **감사** (5-8분) – 이제 기도 응답에 대하여 하나님께 감사기도를 드리겠습니다(이 시간에 간구는 하지 않습니다.).

자녀 이름: 자녀 이름:

♥ **중보 (30-40분)** – (대화식 합심기도는 언제나 짧고 Short, 간단하게 Simple, 구체적으로 Specific 합니다.)

① 이제 우리 자녀를 위해 중보기도하겠습니다.

♡ 먼저 ○○를 위해 성구기도하겠습니다.

보라 내가 속히 오리니 내가 줄 상이 내게 있어 _____에게 그가 행한 대로 갚아 주리라(계 22:12).

성구 확장 기도

♡ ○○를 위해 구체적인 기도를 하겠습니다.

자녀 이름:	자녀 이름:

② 학교 선생님을 위해 기도하겠습니다.

신자일 때: 그러므로 자기를 힘입어 하나님께 나아가는 _____ 선생님을 온전히 구원하실 수 있으니 이는 그가 항상 살아 계셔서 _____ 선생님을 위하여 간구하심이라(히 7:25).

불신자일 때: 하나님은 한 분이시요 또 하나님과 사람 사이에 중보자도 한 분이시니 곧 사람이신 그리스도 예수라 그가 모든 사람을 위하여 자기를 대속물로 주셨음을 _____ 선생님이 믿게 하소서(딤전 2:5-6).

구체적인 기도 제목: _____

③ 학교를 위해 기도하겠습니다. _____

④ 주일학교 선생님을 위해 기도하겠습니다. _____

⑤ 주일학교 주요 사안(주일학교 부서)을 위해 기도하겠습니다. _____

⑥ 기도하는 엄마들 사역을 위해 기도달력으로 기도하겠습니다(당월 기도달력을 홈페이지에서 다운받아 모일 때마다 한 주 분씩 기도해 주십시오. www.mip.or.kr).

♥ **마무리** – 오늘도 우리의 기도를 들으시는 하나님께 감사와 영광을 올려드리며 예수님의 이름으로 기도드립니다. 아멘!

♥ 모임 내에서 기도한 내용은 모임 안에 남아야 함을 잊지 마십시오!!

기도하는 엄마들 **기도일지 ❹**

_____ 년 _____ 월 기도달력

♥ MEMO ♥

♥ 10대 자녀를 위한 기도제안

1. **옳지 않은 일을 했을 때 항상 발각되도록** 기도하십시오 - 시 19:12
　　＿＿＿＿＿의 허물을 능히 깨닫게 하사 저를 숨은 허물에서 벗어나게 하소서!

2. **몸의 정결을 위해** 기도하십시오 - 엡 5:1, 3
　　음행과 온갖 더러운 것과 탐욕은 ＿＿＿＿＿가 그 이름조차도 부르지 말게 하소서!

3. **경건한 친구들을 위해** 기도하십시오 - 딤후 2:22
　　＿＿＿＿＿가 정욕을 피하고 주를 깨끗한 마음으로 부르는 친구들과 함께 의와 믿음과 사랑과 화평을 따르게 하소서!

4. **장래 배우자를 위해** 기도하십시오 - 고후 6:14
　　＿＿＿＿＿가 믿지 않는 자와 멍에를 함께 메지 않도록 늘 빛 가운데 거하게 하소서!

5. **분별력을 위해** 기도하십시오 - 골 2:8
　　＿＿＿＿＿에게 분별력을 주사 철학과 헛된 속임수에 사로잡히지 않게 하소서!

6. **하나님을 더욱 잘 알 수 있는 계시를 위해** 기도하십시오 - 엡 1:17
　　우리 주 예수 그리스도의 하나님, 영광의 아버지께서 지혜와 계시의 영을 ＿＿＿＿＿에게 주사 하나님을 알게 하여 주소서!

7. **계속 회개하며 변화되기 원하는 마음을 위해** 기도하십시오 - 겔 18:30b
　　＿＿＿＿＿가 항상 돌이켜 회개하고 모든 죄에서 자유케 되어 저에게 죄가 걸림돌이 되지 않게 하소서!

8. **하나님이 기도 응답하시는 것을 보도록** 기도하십시오 - 눅 18:1
　　＿＿＿＿＿가 항상 기도하고 낙심하지 않게 도우사 기도의 응답을 보게 하여 주소서!

9. **하나님을 경외하도록** 기도하십시오 - 시 112:1

　　_____가 여호와를 경외하며 주의 계명을 크게 즐거워하게 하여 주소서!

10. **하나님께 순복하며 마귀를 대적하도록** 기도하십시오 - 약 4:7

　　_____가 하나님께 복종하고 마귀를 대적하여 영적 전쟁에서 이기게 하소서!

11. **겸손한 마음을 갖도록** 기도하십시오 - 빌 2:3

　　_____가 무슨 일을 하든지 다툼이나 허영으로 하지 말고 오직 겸손한 마음으로 최선을 다하게 하소서!

12. **하나님을 최우선으로 놓도록** 기도하십시오 - 잠 3:6

　　_____가 모든 일에 하나님의 주권을 인정하게 하소서!

13. **보는 것을 위해** 기도하십시오 - 마 6:22-23

　　_____의 눈은 몸의 등불이오니 그 눈으로 늘 하나님의 빛을 보게 하여 주사 어둠이 들어오지 못하게 하소서!

14. **이 세대의 악한 행실을 피하도록** 기도하십시오 - 신 18:14

　　이 세대의 사람들은 길흉을 말하는 자나 점쟁이의 말을 듣거니와 _____는 이런 일을 용납하지 않게 하소서!

15. **악한 것에 대해 '아니오'라고 말할 수 있도록** 기도하십시오 - 히 2:18

　　주님께서 시험을 받아 고난을 당하셨은즉 _____가 악한 것을 거절함으로 시험 받을 때 저를 능히 도우실 것을 믿는 믿음과 담대함을 주소서!

16. **예배자가 되게** 하소서!!!

　　목마른 사슴이 물을 찾듯이 _____가 주일을 기다리며 다른 어떤 것보다 예배를 우선순위에 놓고 신령과 진정으로 예배드리는 데 최선을 다하게 하소서!

♥ 31일 성품 기도달력

	1. Respect 존경	2. Perseverance 인내
기도하는 엄마들	"인간의 모든 제도를 주를 위하여 순종하되 혹은 위에 있는 왕이나 혹은 그가 악행하는 자를 징벌하고 선행하는 자를 포상하기 위하여 보낸 총독에게 하라"(벧전 2:13-14) ___가 권위에 복종하며 모든 사람을 존경하는 성품으로 자라나게 하소서	"내 형제들아 너희가 여러 가지 시험을 당하거든 온전히 기쁘게 여기라 이는 너희 믿음의 시련이 인내를 만들어 내는 줄 너희가 앎이라"(약 1:2-3) ___가 시험을 만나도 좌절하지 않고 기쁨으로 견뎌냄으로 연단 가운데 성장하게 하소서
7. Integrity 정직성	**8. Generosity 관대**	**9. Servanthood 섬김**
"이자를 받으려고 돈을 꾸어 주지 아니하며 뇌물을 받고 무죄한 자를 해하지 아니하는 자이니 이런 일을 행하는 자는 영원히 흔들리지 아니하리이다"(시 15:5) ___가 경건한 자를 존대하며 뇌물을 거절하며 약속을 지키는 사람이 되게 하소서	"오직 선을 행함과 서로 나누어 주기를 잊지 말라 하나님은 이같은 제사를 기뻐하시느니라"(히 13:16) ___에게 지체들을 대하여 관대한 마음을 갖게 하소서	"형제들아 너희가 자유를 위하여 부르심을 입었으나 그러나 그 자유로 육체의 기회를 삼지 말고 오직 사랑으로 서로 종 노릇 하라"(갈 5:13) 남과 가족을 사랑으로 섬기는 ___가 되게 하소서
14. Thankfulness 감사	**15. Maturity 성숙**	**16. Holiness 거룩**
"범사에 감사하라 이것이 그리스도 예수 안에서 너희를 향하신 하나님의 뜻이니라"(살전 5:18) ___가 범사에 감사하는 성품으로 바뀌게 하소서	"그러므로 너희가 더욱 힘써 너희 믿음에 덕을, 덕에 지식을, 지식에 절제, 절제에 인내를, 인내에 경건을"(벧후 1:5-6) ___가 믿음과 덕 가운데 성장하여 많은 열매를 맺게 하소서	"오직 너희의 심령이 새롭게 되어 하나님을 따라 의와 진리의 거룩함으로 지으심을 받은 새 사람을 입으라"(엡 4:23-24) ___가 성령으로 새롭게 되어 하나님의 거룩함을 나타내게 하소서
21. Prayerfulness 기도	**22. Trust 신뢰**	**23. Reverence 경외**
"아무 것도 염려하지 말고 다만 모든 일에 기도와 간구로, 너희 구할 것을 감사함으로 하나님께 아뢰라"(빌 4:6) ___가 아무 것도 염려하지 않고 항상 감사함으로 구하게 하소서	"너는 마음을 다하여 여호와를 신뢰하고 네 명철을 의지하지 말라 너는 범사에 그를 인정하라 그리하면 네 길을 지도하시리라"(잠 3:5-6) ___가 자신을 의지하지 않고 하나님만을 신뢰하게 하소서	"외모로 보시지 않고 각 사람의 행위대로 심판하시는 이를 너희가 아버지라 부른즉 너희가 나그네로 있을 때를 두려움으로 지내라"(벧전 1:17) 주님, ___가 항상 하나님을 의식하며 생각하고 행동하게 하소서
28. Humility 겸손	**29. Responsibility 책임감**	**30. Determination 결단**
"모든 겸손과 온유로 하고 오래 참음으로 사랑 가운데서 서로 용납하고"(엡 4:2) ___가 다른 사람에게 겸손하며, 온유하며, 인내하는 성품이 되게 하소서	"이러므로 우리 각 사람이 자기 일을 하나님께 직고하리라"(롬 14:12) ___가 하나님 앞에서 자기의 책임을 인정하게 하소서	"좌로나 우로나 치우치지 말고 네 발을 악에서 떠나게 하라"(잠 4:27) ___가 우편으로나 좌편으로나 치우치지 않고 선한 목표를 향해 나가게 하소서

3. Purity 순결	4. Forgiveness 용서	5. Self-discipline 자기훈련	6. Wisdom 지혜
"음행과 온갖 더러운 것과 탐욕은 너희 중에서 그 이름조차도 부르지 말라 이는 성도에게 마땅한 바라 누추함과 어리석은 말이나 희롱의 말이 마땅치 아니하니 오히려 감사하는 말을 하라"(엡 5:3-4) ___가 음행과 더러운 것과 탐욕과 희롱의 말을 하지 않게 하소서	"서로 친절하게 하며 불쌍히 여기며 서로 용서하기를 하나님이 그리스도 안에서 너희를 용서하심과 같이 하라"(엡 4:32) ___가 자기를 힘들게 하는 이들에 대해 인자하게 하소서. 하나님이 자기를 용서하신 것처럼 용서하는 마음을 주소서	"이기기를 다투는 자마다 모든 일에 절제하나니… 내가 내 몸을 쳐 복종하게 함은 내가 남에게 전파한 후에 자신이 도리어 버림을 당할까 두려워함이로다"(고전 9:25-27) ___가 자기 몸을 쳐 복종하는 훈련을 기꺼이 받게 하소서	"이로써 우리도 듣던 날부터 너희를 위하여 기도하기를 그치지 아니하고 구하노니 너희로 하여금 모든 신령한 지혜와 총명에 하나님의 뜻을 아는 것으로 채우게 하시고"(골 1:9) ___에게 지혜와 총명을 주사 하나님의 뜻을 알게 하소서
10. Selflessness 이타심	**11. Obedience 순종**	**12. Discernment 분별력**	**13. Compassion 긍휼**
"각각 자기 일을 돌볼뿐더러 또한 각각 다른 사람들의 일을 돌보아 나의 기쁨을 충만하게 하라"(빌 2:4) 주님, ___가 자기의 일뿐 아니라 다른 사람들의 일을 돌봄으로 오는 기쁨을 알게 하소서	"자녀들아 주 안에서 너희 부모에게 순종하라 이것이 옳으니라 네 아버지와 어머니를 공경하라 이것은 약속이 있는 첫 계명이니"(엡 6:1-2) 주님, ___가 부모에게 기쁘게 순종하는 자녀가 되게 하소서	"누가 철학과 헛된 속임수로 너희를 사로잡을까 주의하라 이것은 사람의 전통과 세상의 초등학문을 따름이요 그리스도를 따름이 아니니라 그 안에는 신성의 모든 충만이 육체로 거하시고"(골 2:8-9) ___가 헛된 철학을 믿지 않게 하소서	"그러므로 너희는 하나님이 택하사 거룩하고 사랑 받는 자처럼 긍휼과 자비와 겸손과 온유와 오래 참음을 옷 입고"(골 3:12) ___를 긍휼과 자비와 겸손과 온유함으로 옷 입혀 주소서
17. Strength 강건	**18. Diligence 근면**	**19. Love 사랑**	**20. Courage 용기**
"끝으로 너희가 주 안에서와 그 힘의 능력으로 강건하여지고 마귀의 간계를 능히 대적하기 위하여 하나님의 전신 갑주를 입으라"(엡 6:10-11) ___가 주 안에서와 그 힘의 능력으로 강건하게 하소서	"무슨 일을 하든지 마음을 다하여 주께 하듯 하고 사람에게 하듯 하지 말라"(골 3:23) ___가 무슨 일을 하든지 주께 하듯 열심히, 부지런한 생활 습관이 몸에 배게 하소서	"사랑에는 거짓이 없나니 악을 미워하고 선에 속하라 형제를 사랑하여 서로 우애하고 존경하기를 서로 먼저 하며"(롬 12:9-10) 진실한 사랑으로 남을 존중하는 것을 기뻐하는 ___가 되게 하소서	"하나님이 우리에게 주신 것은 두려워하는 마음이 아니요 오직 능력과 사랑과 절제하는 마음이니"(딤후 1:7) 주님, ___의 마음에 두려움이 떠나고 십자가의 능력과 사랑과 절제가 가득하게 하소서
24. Confidence 자신감	**25. Godliness 경건**	**26. Truthfulness 진실성**	**27. Self-control 자제력**
"내게 능력 주시는 자 안에서 내가 모든 것을 할 수 있느니라"(빌 4:13) ___가 주님 주시는 능력으로 모든 것을 할 수 있음을 확신하게 하소서	"오직 너 하나님의 사람아 이것들을 피하고 의와 경건과 믿음과 사랑과 인내와 온유를 따르며"(딤전 6:11) ___가 악을 싫어하며 경건한 것을 따르게 하소서	"그런즉 거짓을 버리고 각각 그 이웃과 더불어 참된 것을 말하라 이는 우리가 서로 지체가 됨이라"(엡 4:25) ___가 모든 거짓을 버리고 진실을 말하는 자가 되게 하소서	"내 사랑하는 형제들아 너희가 알지니 사람마다 듣기는 속히 하고 말하기는 더디 하며 성내기도 더디 하라"(약 1:19) ___가 말하기를 더디 하고 성내기도 더디 하여 자기 감정을 절제하는 힘을 기르게 하소서

31. Teachability 배우고자 하는 마음

"훈계에 착심하며 지식의 말씀에 귀를 기울이라"(잠 23:12)

___가 지침을 따르고 지식을 얻기를 즐겨하게 하소서

"초저녁에 일어나 부르짖을지어다
네 마음을 주의 얼굴 앞에 물 쏟듯 할지어다
각 길 어귀에서 주려 기진한 네 어린 자녀들의 생명을 위하여
주를 향하여 손을 들지어다"
예레미야애가 2:19

♥ 한국 기도하는 엄마들 주제가

♥ MEMO ♥

♥ MEMO ♥

♥ MEMO ♥

♥ MEMO ♥

♥ MEMO ♥

♥ MEMO ♥

♥ MEMO ♥

기도하는 엄마들

기도일지 ❹

| 감수 | 한국 기도하는 엄마들(MIP KOREA) |
| 편저 | 프리셉트 / 최복순 |

| 초판 1쇄 | 2018년 12월 8일 |
| 초판 2쇄 | 2023년 4월 28일 |

발행인	김경섭
국제총무(프리셉트)	최복순
총무	김현욱
협동총무	김상현
편집부	고유영(편집실장), 김성경
인쇄	영진문원

발행처	프리셉트
등록번호	108-82-61175
일부총판	생명의말씀사 Tel. (02) 3159-7979 Fax. 080-022-8585

주소	서울특별시 서초구 청룡마을길 8-1(신원동) (우) 06802
전화	(02) 588-2218 팩스	(02) 588-2268
홈페이지	www.precept.or.kr

국민은행 431401-04-058116(프리셉트선교회)
2018 ⓒ 프리셉트 / 최복순

값 5,000원
ISBN 978-89-8475-745-5 04230
       978-89-8475-632-8 04230(세트)

독자 여러분의 의견을 기다립니다.
독자 전화 (02) 588-2218 / pmbook77@naver.com